Kohlhammer

Grundschule heute

Herausgegeben von Sanna Pohlmann-Rother und Sarah Désirée Lange

Angesichts der aktuellen gesellschaftlichen Veränderungen thematisiert die Reihe »Grundschule heute« drängende Zukunftsfragen in ihrer Bedeutung für die Disziplin der Grundschulpädagogik und Grundschuldidaktik. Ziel der Reihe ist es, die institutionellen Bedingungen der Grundschule und die Fragen nach zeitgemäßen Bildungsinhalten neu zu bestimmen. Dabei stehen die kindlichen Lebenswelten und die aktuellen und veränderten Aufwachsensbedingungen der Schülerinnen und Schüler im Mittelpunkt.

Eine Übersicht aller lieferbaren und im Buchhandel angekündigten Bände der Reihe finden Sie unter:

 https://shop.kohlhammer.de/grundschuleheute

Die AutorInnen

Dr. Sanna Pohlmann-Rother ist Professorin und Inhaberin des Lehrstuhls für Grundschulpädagogik und -didaktik an der Universität Würzburg. Sie beschäftigt sich in Forschung und Lehre mit den Übergängen am Anfang und Ende der Grundschulzeit. Weitere Arbeits- und Forschungsschwerpunkte liegen im Bereich der empirischen Unterrichts-, Professions- und Mehrsprachigkeitsforschung.

Daniel Then ist wissenschaftlicher Mitarbeiter am Lehrstuhl für Grundschulpädagogik und -didaktik an der Universität Würzburg. Seine Forschungsschwerpunkte sind Übergänge im Primarbereich und Inklusion in der Grundschule, insbesondere im Kontext bildungsbiografischer Übergänge.

Pohlmann-Rother/Then

Vom Kindergarten in die Grundschule

Den Übergang inklusiv gestalten

Verlag W. Kohlhammer

Dieses Werk einschließlich aller seiner Teile ist urheberrechtlich geschützt. Jede Verwendung außerhalb der engen Grenzen des Urheberrechts ist ohne Zustimmung des Verlags unzulässig und strafbar. Das gilt insbesondere für Vervielfältigungen, Übersetzungen, Mikroverfilmungen und für die Einspeicherung und Verarbeitung in elektronischen Systemen.

Die Wiedergabe von Warenbezeichnungen, Handelsnamen und sonstigen Kennzeichen in diesem Buch berechtigt nicht zu der Annahme, dass diese von jedermann frei benutzt werden dürfen. Vielmehr kann es sich auch dann um eingetragene Warenzeichen oder sonstige geschützte Kennzeichen handeln, wenn sie nicht eigens als solche gekennzeichnet sind.

Es konnten nicht alle Rechtsinhaber von Abbildungen ermittelt werden. Sollte dem Verlag gegenüber der Nachweis der Rechtsinhaberschaft geführt werden, wird das branchenübliche Honorar nachträglich gezahlt.

Dieses Werk enthält Hinweise/Links zu externen Websites Dritter, auf deren Inhalt der Verlag keinen Einfluss hat und die der Haftung der jeweiligen Seitenanbieter oder -betreiber unterliegen. Zum Zeitpunkt der Verlinkung wurden die externen Websites auf mögliche Rechtsverstöße überprüft und dabei keine Rechtsverletzung festgestellt. Ohne konkrete Hinweise auf eine solche Rechtsverletzung ist eine permanente inhaltliche Kontrolle der verlinkten Seiten nicht zumutbar. Sollten jedoch Rechtsverletzungen bekannt werden, werden die betroffenen externen Links soweit möglich unverzüglich entfernt.

1. Auflage 2023

Alle Rechte vorbehalten
© W. Kohlhammer GmbH, Stuttgart
Gesamtherstellung: W. Kohlhammer GmbH, Stuttgart

Print:
ISBN 978-3-17-042400-5

E-Book-Formate:
pdf: ISBN 978-3-17-042401-2
epub: ISBN 978-3-17-042402-9

Vorwort der Herausgeberinnen

Die aktuellen gesellschaftlichen und häufig globalisierungsbedingten Veränderungen beeinflussen Grundschulen auf mannigfaltige Arten. Angesichts dessen thematisiert die neue Reihe »Grundschule heute« – herausgegeben von *Dr. Sanna Pohlmann-Rother* (Inhaberin des Lehrstuhls für Grundschulpädagogik und -didaktik an der Universität Würzburg) und *Dr. Sarah Désirée Lange* (Akademische Rätin am Lehrstuhl für Grundschulpädagogik und -didaktik der Universität Würzburg) – drängende Zukunftsfragen in ihrer Bedeutung für die Disziplin der Grundschulpädagogik und Grundschuldidaktik. Die gesellschaftlichen und bildungspolitischen Entwicklungen der Gegenwart betreffen Bereiche wie Digitalisierung, Inklusion, Globalisierung, Migration und Flucht und bringen weitreichende neue Herausforderungen für Lehrkräfte, Schulleitungen und für Eltern und ihre Kinder mit sich.

So stellt beispielsweise der mit den gesellschaftlichen Digitalisierungsprozessen verbundene Anspruch, Schülerinnen und Schüler zu einem selbstbestimmten und reflektierten Umgang mit digitalen Medien zu befähigen, alle Beteiligten vor neue Herausforderungen. Auch Mehrsprachigkeit und Fluchtmigration sind Phänomene gesellschaftlicher Entwicklungen, die gegenwärtig in hohem Maße zur Komplexität professionellen Handelns von Lehrkräften beitragen.

Mit der vorliegenden Reihe soll der grundschulpädagogische Diskurs hinsichtlich der gegenwärtigen und zukünftigen Entwicklungen der Gesellschaft weiterentwickelt werden. Dazu werden in jedem Band neben einer forschungs- und theoriebasierten Auseinandersetzung auch jeweils praktisch umsetzbare Ansätze für die Gestaltung von Unterricht und von grundschulbezogenen Bildungsprozessen herausgearbeitet.

In diesem Zusammenhang werden auch die aktuellen Strukturen und Inhalte der Ausbildung von Grundschullehrkräften hinterfragt.

So werden in der Reihe »Grundschule heute« relevante Professionalisierungsfelder identifiziert, mögliche Implikationen für die Rahmenbedingungen der Lehrkräftebildung aufgezeigt und Anforderungen an eine qualitativ hochwertige und zeitgemäße Qualifizierung von Grundschullehrkräften diskutiert.

Zusammenfassend geht es darum, hinsichtlich gegenwärtiger und künftiger Herausforderungen die *institutionellen Bedingungen der Grundschule* mit dem Anspruch an grundlegende Bildung und die Frage nach zeitgemäßen Bildungsinhalten neu in den Blick zu nehmen. Damit verbunden ist die genaue Betrachtung *kindlicher Lebenswelten* und die Berücksichtigung aktueller Aufwachsensbedingungen der Schülerinnen und Schüler. Auf Schul- und Unterrichtsebene stellen sich dabei *pädagogisch-didaktische Fragen* zu denen auch rahmende Raum-, Zeit- und Organisationsstrukturen gehören. Auf Seiten der *Lehrkräfte* umfasst dies anspruchsvolle und zum Teil spannungsreiche Aufgaben, die sich beispielsweise in einem reflektierten Umgang mit sprachlicher Vielfalt und Mehrsprachigkeit im Zuge von Migration und Flucht manifestieren oder mit der Forderung nach einem inklusiven Schulsystem verbunden sind.

Würzburg, im Mai 2023
Sanna Pohlmann-Rother und Sarah Désirée Lange

Inhaltsverzeichnis

Vorwort der Herausgeberinnen   5

Einleitung   11

I   Allgemeine Grundlagen

1   Begriffliche Grundlagen und grundschulspezifische Definition des Übergangs in die Schule   19

2   Der inklusive Übergang in die Grundschule – Ein »neuer« Blick auf bekannte Herausforderungen?   25

3   Formal-rechtliche Rahmenbedingungen des Übergangs   30

3.1   Fristgerechte und nicht-fristgerechte Einschulungen   30
3.2   Einschulungsregelungen im Kontext der Inklusion   34

4   Zusammenfassung – Reflexionsaufgaben – Weiterführende Literatur   38

II Theoretische Grundlagen

5 Ansätze und Rahmenmodelle zum Übergang — 43

5.1	Bildungsökonomische Modelle	43
5.2	Allgemeine Übergangsforschung	44
5.3	Stresstheorie	45
5.4	Theorie der kritischen Lebensereignisse	46
5.5	Ökosystemische Modelle	47
5.6	Transitionsansatz	49

6 Modell zum inklusiven Übergang in die Schule — 51

6.1	Individualebene des Modells	53
6.2	Prozessebene des Modells	55

7 Zusammenfassung – Reflexionsaufgaben – Weiterführende Literatur — 57

III Akteurinnen und Akteure beim Übergang in die Grundschule

8 Kinder als Adressaten und Akteure beim Übergang — 61

8.1	Schutzfaktoren für das Kind beim Übergang	62
8.2	Entwicklungsaufgaben für das Kind beim Übergang	69
8.3	Übergangsbewältigung des Kindes	73

9	**Eltern als Adressaten und Akteure beim Übergang**	**76**
9.1	Elterliche Bildungsentscheidungen im Kontext der Einschulung	76
9.2	Elterliche Unterstützung im Kontext des Übergangs	84
9.3	Entwicklungsaufgaben für Eltern beim Übergang	88
9.4	Übergangsbewältigung der Eltern	91
10	**Aufgaben für frühpädagogische Fachkräfte, Lehrkräfte und externes Unterstützungspersonal beim Übergang**	**93**
10.1	Diagnose der Lernvoraussetzungen und Förderung der Schulfähigkeit	94
10.2	Kooperation von pädagogischem Personal, Eltern und externem Unterstützungspersonal beim Übergang	104
11	**Zusammenfassung – Reflexionsaufgaben – Weiterführende Literatur**	**111**

IV Aktuelle grundschulpädagogische Herausforderungen für die Gestaltung des Übergangs vom Kindergarten in die Grundschule

12	**Grundschulpädagogische Herausforderungen und Entwicklungsperspektiven für den Übergang in die Schule**	**117**
12.1	Anknüpfungspunkte für die Theoriebildung	117
12.2	Perspektiven für die Forschung	122

Anhang

Literaturverzeichnis 127

Einleitung

Übergänge prägen das Leben von Kindern auf vielfältige Weise. Insbesondere Übergänge zwischen Bildungsinstitutionen gehen mit grundlegenden Veränderungen einher, welche sich in der äußeren Lebenswelt ebenso wie in der innerpsychischen Entwicklung der Kinder niederschlagen (Griebel & Niesel, 2020). So verändern sich im Rahmen bildungsbiografischer Übergänge nicht nur die Lebenskontexte, in denen die Kinder einen Großteil ihres Alltags verbringen. Jeder Übergang in einen neuen Bildungsbereich bringt auch neue Anforderungen für die Kinder mit sich, neue Kompetenzen, die erworben und ausgebaut werden, neue Beziehungen, die geknüpft und gefestigt werden, neue Regeln und Ordnungsprinzipien, die mit den eigenen Bedürfnissen in Einklang zu bringen sind. Gleichzeitig betreffen Übergänge nie ausschließlich die Kinder, die sie durchlaufen. Auch für die Eltern und Familien bedeutet ein Übergang ihres Kindes Veränderungen in ausgewählten Lebensbereichen, in der subjektiven Wahrnehmung und den Bezugspersonen, mit denen sie interagieren und die Bildung und Erziehung ihres Kindes abzustimmen haben. Das professionelle Personal – frühpädagogische Fachkräfte, Lehrkräfte, aber auch weitere Beteiligte wie Schulpsychologinnen und Schulpsychologen oder Sonderpädagoginnen und Sonderpädagogen – haben die Aufgabe, diese Wandlungsprozesse zu begleiten und den Übergang für die Kinder und ihre Familien bzw. Eltern erfolgreich zu gestalten. Gerade wenn die individuellen Bedürfnisse eines Kindes besonderen Unterstützungsbedarf (des Kindes, aber auch der Eltern) bedingen, ist diese Aufgabe komplex, doch nicht weniger bedeutsam.

Ein Übergang, welcher spezifische Anforderungen an die Beteiligten stellt und im Bildungsverlauf eine Schlüsselrolle einnimmt, ist der Übergang in die Schule. Mit dem Eintritt ins formale, d. h. staatlich verantwortete und (weitgehend) verpflichtende Schulsystem werden die Kinder erstmals mit den Ansprüchen einer verbindlichen Bildungsinstitution konfrontiert. Die Eltern durchleben den Übergang zu Eltern eines Schulkindes und sind zugleich gefordert, ihr Kind im Übergangsprozess zu unterstützen sowie eine adäquate Einschulungsentscheidung für ihr Kind zu treffen. Das Aufgabenspektrum des beteiligten pädagogischen Personals umfasst neben der Förderung der Kinder und Begleitung der Eltern auch die Zusammenarbeit untereinander, beispielsweise um schulische und vorschulische Bildungsprozesse abstimmen oder Unterstützungsnetzwerke grundlegen zu können. Um dem Bildungsauftrag der Grundschule gerecht zu werden (Jung, 2021) und den Schuleintritt *inklusiv* zu gestalten, ergeben sich zudem für alle Beteiligten besondere Herausforderungen.

Das Ziel des vorliegenden Bandes ist es, den Übergang in die Schule in seinen relevanten Facetten zu beleuchten und gleichzeitig die Besonderheiten zu konturieren, welche inklusive Übergangsprozesse kennzeichnen. Die Ausführungen folgen dabei dem engen Inklusionsbegriff[1] (Lindmeier & Lütje-Klose, 2015): Um die Spezifika einer bestimmten Gruppe von Kindern in Übergangsprozessen angemessen berücksichtigen und Forschungswissen zu dieser Gruppe darstellen zu können (Prengel, 2013), wird im vorliegenden Band eine Fokussierung auf Kinder mit Beeinträchtigungen vorgenommen. Wird im Folgenden der ›inklusive Übergang in die Schule‹ angesprochen, ist somit der Übergang von Kindern mit Beeinträchtigungen aus dem vorschulischen Kontext in die Grundschule gemeint. Die Konzentration auf die Heterogenitätsdimension »Beeinträchtigung« erfolgt exemplarisch und ermöglicht einen spezifischen Blick auf die Bedarfe, Chancen und Herausforderung beim Schuleintritt dieser Kinder und ihrer Familien. Kinder mit Beeinträchtigungen werden in den

---

1 ›Inklusion‹ wird im Folgenden als gleichberechtigte gesellschaftliche Teilhabe von Menschen mit Beeinträchtigungen verstanden. Neben diesem *engen* existiert auch ein *weiter* Inklusionsbegriff, wonach Inklusion die gleichberechtigte gesellschaftliche Teilhabe aller Menschen beschreibt (Lindmeier & Lütje-Klose, 2015). Im vorliegenden Band wird der Schuleintritt aus den o.g. Gründen aus der Perspektive des engen Inklusionsbegriffs beleuchtet.

Blick genommen, da mit dem (z. T. sehr breit ausgebauten) Förderschulwesen in den meisten Bundesländern für diese Gruppe eine eigene Schulform existiert und sich die Frage nach gemeinsamer oder separater Beschulung von Kindern mit und ohne Beeinträchtigungen in Deutschland daher in besonderer Weise stellt. *Kinder mit Beeinträchtigungen* sind im vorliegenden Verständnis Kinder, deren Teilhabe an Bildungsangeboten aufgrund ihrer spezifischen geistigen, körperlichen, sozial-emotionalen und/oder seelischen Voraussetzungen dauerhaft erschwert ist. Die Begriffsauffassung schließt damit an das Verständnis des Begriffs »disability« der Weltgesundheitsorganisation (2001) an. Auf das Label des »sonderpädagogischen Förderbedarfs« wird verzichtet, da es sich bei dem Begriff um ein *formales* Etikett handelt, dessen Zuweisung in Deutschland sozial selektiv ist. Beispielsweise werden Kinder mit nicht-deutscher Erstsprache in nahezu allen Förderschwerpunkten häufiger mit einem sonderpädagogischem Förderbedarf diagnostiziert als Kinder mit deutscher Erstsprache (Burgmaier & Lankes, 2017), obwohl nicht anzunehmen ist, dass Kinder mit nicht-deutscher Erstsprache per se häufiger sonderpädagogische Förderung benötigen. Zudem weicht die Definition der Kategorie »sonderpädagogischer Förderbedarf« von den Definitionen verwandter Konzepte in anderen Ländern (z. B. »special educational needs«) ab (Deluca & Stillings, 2008). Der Begriff »Beeinträchtigung« hingegen ist an den internationalen Diskurs und den dort verbreiteten Terminus »disability« anschlussfähig, weshalb dieser für den vorliegenden Band gewählt wird.

Der Band umfasst vier Themenbereiche. Zunächst werden die allgemeinen Grundlagen zum Übergang vom Kindergarten in die Grundschule dargestellt. Nach der Klärung zentraler Begrifflichkeiten (Übergang, Transition) wird von der Autorin und dem Autor eine spezifische Definition für die Transition in die Grundschule vorgeschlagen (▶ Kap. 1). Anschließend wird die Rolle des Schuleintritts im deutschen Schulsystem erläutert. Zum einen werden die historische Entwicklung des Schuleintritts betrachtet und Spezifika herausgearbeitet, welche den Übergang im Kontext der Inklusion gegenwärtig kennzeichnen (▶ Kap. 2). Zum anderen wird der formal-rechtliche

Rahmen des Übergangs dargestellt, indem die geltenden Einschulungsregelungen erörtert und mit Blick auf die Einschulungsregelungen für Kinder mit Beeinträchtigungen spezifiziert werden (▶ Kap. 3). In Kapitel 4 werden die allgemeinen Grundlagen zum Übergang resümiert und Reflexionsfragen sowie weiterführende Literaturempfehlungen zum vertieften Verständnis angeboten.

Im zweiten Themenbereich wird der theoretische Rahmen des Übergangs erläutert. Hierfür werden Bezugstheorien und Modelle vorgestellt, die zur Systematisierung bildungsbiographischer Übergänge relevant sind (▶ Kap. 5). Mit dem ›Generischen Modell der inklusiven Transition in die Schule‹ wird zudem eine theoretische Konzeption beschrieben, welche geeignet ist, um den Übergang in die Schule unter Berücksichtigung des Inklusionsgedankens theoretisch zu fundieren (▶ Kap. 6). Auch dieser Inhaltsblock schließt mit einer Zusammenfassung, Reflexionsfragen und weiterführender Literatur (▶ Kap. 7).

Der dritte Themenbereich nimmt die Akteurinnen und Akteure im Übergang in den Blick. Es werden Chancen und Herausforderungen betrachtet, die für die beteiligten Akteurinnen und Akteure mit dem Übergang verbunden sind. Den Anfang bilden Potenziale und Herausforderungen, welche der Übergang für die Kinder eröffnet (▶ Kap. 8). Zunächst werden Schutzfaktoren fokussiert, welche Kindern (mit Beeinträchtigungen) eine positive Bewältigung des Übergangs ermöglichen (▶ Kap. 8.1). Danach werden Entwicklungsaufgaben in den Blick genommen, die sich Kindern (mit Beeinträchtigungen) im Übergang stellen (▶ Kap. 8.2). Zuletzt werden Forschungsbefunde zur Übergangsbewältigung berichtet (▶ Kap. 8.3).

Die Rolle der Eltern im Übergang steht in Kapitel 9 im Zentrum. Im ersten Teilkapitel werden elterliche Bildungsentscheidungen im Kontext der Einschulung thematisiert. Sowohl Entscheidungen über den Einschulungszeitpunkt (fristgerecht vs. nicht-fristgerecht) als auch über den Schulträger (privat vs. öffentlich) sowie die Schulform für die Einschulung (Grundschule vs. Förderschule) sind dabei relevant (▶ Kap. 9.1). Anschließend werden Möglichkeiten und Grenzen der elterlichen Unterstützung für ihre Kinder im Übergang beleuchtet (▶ Kap. 9.2) und Entwicklungsaufgaben identifiziert, mit denen Eltern im Übergang konfrontiert werden (▶ Kap. 9.3). Zum Abschluss des Kapitels wird die elterliche Übergangbewältigung in den Blick genommen (▶ Kap. 9.4).

In Kapitel 10 werden Aufgaben herausgearbeitet, die der Übergang an frühpädagogische Fachkräfte, Grundschullehrkräfte und zusätzliches Fachpersonal stellt. Im Fokus steht neben der Diagnostik der kindlichen Lernvoraussetzungen und der Förderung der Schulfähigkeit (▶ Kap. 10.1) auch die Kooperation des pädagogischen Personals im Übergang (▶ Kap. 10.2).

Kapitel 11 bietet erneut eine kurze Zusammenfassung der vorhergehenden Kapitel, offeriert Reflexionsfragen zur freien Bearbeitung und Literaturempfehlungen zur weiteren Lektüre.

Im vierten und letzten Themenbereich werden die Ausführungen des Bandes mit Blick auf aktuelle theoretische und empirische Desiderate zum Übergang in die Grundschule diskutiert. Dabei steht im Zentrum, welche Herausforderungen und Entwicklungsperspektiven für den Übergang gegenwärtig bestehen und welche Rolle der Übergang in die Schule für die beteiligten Akteurinnen und Akteure in Zukunft einnehmen könnte. Diese Überlegungen werden mit Blick auf die Anforderungen an den Übergang im Zuge aktueller Inklusionsbestrebungen reflektiert und Anknüpfungspunkte für die weitere Forschung abgeleitet.

I Allgemeine Grundlagen

1 Begriffliche Grundlagen und grundschulspezifische Definition des Übergangs in die Schule

Um den Übergangsbegriff zu beschreiben, gibt es eine Vielzahl an Definitionsversuchen. Eine verbreitete Begriffsannäherung zielt auf die Abgrenzung des fachwissenschaftlichen vom alltagssprachlichen Verständnis: *Alltagssprachlich* ist ein Übergang ein »strukturelle[r] Zustandswechsel« (Carle & Samuel, 2007, S. 13), welcher zwischen Orten, Zeitabschnitten (z.B. von der Nacht in den Tag), Aggregatszuständen (z.B. von fest zu flüssig) o.ä. stattfinden kann. *Fachwissenschaftlich* ist der Übergangsbegriff komplexer und eng mit dem Konzept der ›Transitionen‹ verbunden. Transitionen sind nach Welzer (1993, S. 37) »sozial prozessierte, verdichtete und akzelerierte Phasen in einem in permanentem Wandel befindlichen Lebenslauf«. In welchem Verhältnis der Transitions- und der Übergangsbegriff stehen, ist gegenwärtig nicht geklärt. Teils wird der Begriff ›Transitionen‹ als Synonym für Übergänge verwendet (z.B. Denner & Schumacher, 2014), teils wird der Begriff als wissenschaftliche Präzisierung des Übergangsbegriffs genutzt. Griebel und Niesel (2020) identifizieren national und international zwei zentrale Traditionen bzw. Diskurslinien, in denen der Transitionsbegriff unterschiedlich beschrieben wird:

In einer *soziologisch-anthropologischen Tradition* kennzeichnet Transitionen, dass mit ihnen ein Wechsel zwischen Lebenswelten bzw. ›Kulturen‹ (z.B. Dunlop, 2007) stattfindet. Bei der Einschulung betrifft dies beispielsweise den Wechsel zwischen vorschulischen und schulischen Erziehungs- und Lernumgebungen einschließlich der zugrundeliegenden gesellschaftlichen, psychologischen und pädagogischen Orientierungen. Aber auch der Wechsel zwischen Kulturen im Alltag, z. B. der schulischen und familiären Erziehungskultur, spielen für Transitionen eine Rolle. Deshalb können Transitionen nach einem soziologisch-anthropologischen Verständnis sowohl vertikal (zwischen Bildungseinrichtungen, z. B. vom Kindergarten in die Grundschule) als auch horizontal (im Tagesverlauf, z. B. aus der Schule nach Hause) erfolgen (Kagan & Neuman, 1998). Um Kindern eine erfolgreiche Bewältigung von Transitionen in Bildungskontexten zu ermöglichen, gilt es nach diesem Verständnis als zentral, *Kontinuität* in den Lernerfahrungen der Kinder sicherzustellen, d. h. möglichst nahtlos an die Erfahrungen der Kinder anzuknüpfen und Veränderungen durch den Übergang zu reduzieren.

In der *entwicklungspsychologisch geprägten Diskurslinie* werden Transitionen vorrangig als Entwicklungsimpulse aufgefasst (z. B. Griebel & Niesel, 2004). Demnach erfordern Veränderungen in der Umwelt der Kinder und Familien Anpassungsleistungen von den Betroffenen, die Entwicklungsfortschritte anregen. Ein Übergang ist nach diesem Verständnis eine Transition, wenn er Entwicklungsimpulse und damit Entwicklungsfortschritte initiiert. Transfers zwischen Bildungseinrichtungen sind somit nicht notwendigerweise Transitionen, sondern nur, wenn sie Einfluss auf die Entwicklung des Kindes und seiner Familie nehmen. Um Bewältigungshandlungen – und infolgedessen Entwicklungsfortschritte – in Gang zu setzen, wird nach diesem Verständnis insbesondere den *Diskontinuitäten* im Übergang Bedeutung zugeschrieben, d. h. den Veränderungen, die mit dem Übergang eintreten und mit denen die Beteiligten umgehen müssen.

Neben allgemeinen Begriffsannäherungen (z. B. Denner & Schumacher, 2014) ist im grundschulpädagogischen Diskurs vor allem die Definition von Griebel und Niesel (2020, S. 37–38) verbreitet, welche vorrangig der entwicklungspsychologischen Tradition folgt. Transitionen sind demnach »Lebensereignisse, die Bewältigung von Diskontinuitäten auf mehreren Ebenen erfordern, Prozesse beschleunigen, intensiviertes Lernen anregen und als bedeutsame biografische Erfahrungen von Wandel in der Identitätsentwicklung wahrgenommen werden«. Das Potenzial dieser allgemein formulierten Definition besteht darin, dass sie auf verschiedene Übergänge im Leben – auch im Grundschulbereich – bezogen und je nach sich stellenden Herausforderungen und Chancen auf den verschiedenen Ebenen inhaltlich konkretisiert werden kann. Eine Begriffsbestimmung, welche die Spezifika grundschulbezogener Übergänge gezielt berücksichtigt (Einsiedler, 2015) und psychologische sowie soziologische Perspektiven integriert, liegt bislang hingegen nicht vor. Es stellt sich somit die Frage, wie der Übergang vom Kindergarten in die Grundschule aus einer spezifisch grundschulpädagogischen Perspektive begrifflich gefasst werden kann.

Im Folgenden wird von der Autorin und dem Autor der Versuch einer solchen grundschulspezifischen Begriffsannäherung an die *Transition vom Kindergarten in die Grundschule* unternommen. Dabei werden die folgenden grundschulpädagogischen Diskurslinien aufgegriffen und in einer Definition zusammengeführt; die Begriffe ›Transition‹ und ›Übergang‹ werden in diesem Kontext synonym verwendet.

- Mit Übergängen in die Grundschule ist ein Wechsel von einer vorschulisch bzw. familiär geprägten hin zu einer schulisch orientierten Lern- und Erziehungskultur verbunden. Dies kann mit der Initiierung von Entwicklungsimpulsen sowohl für Kinder als auch für Eltern einhergehen. Ein angemessener Umgang mit dem Wandel der Lern- und Erziehungskultur erfordert Bewältigungsstrategien auf Seiten der Kinder und ihrer Familien, was die Entwicklung der Kinder und Familien fördern kann. Vertikale Übergänge – wie der Schuleintritt – sind im vorliegenden Verständnis also Transitionen, die einen Wechsel der verschiedenen Lebenswelten einleiten und dabei das Potenzial bieten, Entwicklungsfortschritte auf Seiten der Kinder und Familien anzustoßen. Horizontale Übergänge werden im vorliegenden Verständnis dagegen nicht als Transitionen aufgefasst, da von Übergängen im Alltag (z. B. dem täglichen Übergang von der Schule nach Hause)

i. d. R. keine tiefgreifenden Wandlungsprozesse in der Entwicklung ausgehen.
- Nach einem grundschulpädagogischen Verständnis sind für den Erfolg von Übergängen *sowohl* Kontinuitäten *als auch* Diskontinuitäten relevant (Hacker, 2014). Ausschlaggebend ist, in welchem Verhältnis Kontinuitäten und Diskontinuitäten stehen. So stellt sich *zum einen* die Frage, inwieweit die Gemeinsamkeiten (Kontinuitäten) zwischen schulischer und vorschulischer Bildung betont werden sollten, um eine bestmögliche schulische Anpassung der Kinder zu ermöglichen. *Zum anderen* ist zu fragen, inwieweit den Kindern in der Schule Unterschiede (Diskontinuitäten) gegenüber dem vorschulischen Lernmodus zugemutet werden sollten, um Bewältigungshandlungen zu initiieren und Entwicklungsprozesse anzuregen. Für die Transition in die Grundschule ist somit nicht nur von Bedeutung, wie viel Kontinuität Kinder und Familien zur Bewältigung des Übergangs benötigen. Es ist auch relevant, in welchem Ausmaß und an welchen Stellen Diskontinuitäten sinnvoll erscheinen, um Bewältigungshandlungen und folglich Entwicklungsprozesse auf Seiten der Kinder und Familien anzuregen. Aufgrund der hohen Heterogenität der Betreuungsgruppen im Kindergarten sowie der hohen Heterogenität der familiären Kontexte sind die Voraussetzungen und Bedürfnisse der Kinder beim Übergang in die Grundschule besonders vielfältig. Wie viel und in welchen Bereichen Kinder Kontinuität zur Übergangsbewältigung benötigen und inwieweit Diskontinuitäten ihre Entwicklung fördern, kann deshalb stark variieren. Im Rahmen des Schuleintritts kommt daher einer prozessbegleitenden und übergangsübergreifenden adaptiven Förderung eine besondere Bedeutung zu, um den individuellen Bedürfnissen der Kinder gerecht zu werden (▶ Kap. 6).
- Aus einer bildungstheoretischen Perspektive besteht das Ziel grundlegender Bildungsprozesse in der Einführung »in die Hauptperspektiven des Weltverstehens« (Einsiedler, 2014, S. 231), um Kindern Pfade der Weltbegegnung zu eröffnen (Jung, 2021). Vor diesem Hintergrund ist zu fragen, inwieweit innerhalb der

verschiedenen Kulturen von Schule und Kindergarten Anknüpfungspunkte bestehen, um den Kindern über die Grenzen der jeweiligen Umwelten hinweg Zugang zu den Weltbegegnungspfaden zu ermöglichen. Denkbar wäre beispielsweise, beim sprachlichen Lernen im Anfangsunterricht der Grundschule an Vorerfahrungen aus der frühkindlichen Förderung anzuknüpfen, z.B. im Bereich ›Sprache und Literacy‹ des Bayerischen Bildungs- und Erziehungsplans (Bayerisches Staatsministerium für Arbeit und Sozialordnung, Familie und Frauen & Staatsinstitut für Frühpädagogik München, 2019). Das Ziel der Transition in die Grundschule lautet in diesem Sinne, *anschlussfähige* Bildungsprozesse grundzulegen, wobei Anschlussfähigkeit nicht nur meint, eine Passung zwischen unterschiedlichen Bildungsbereichen herzustellen. Es geht insbesondere auch darum, den Kindern und ihren Familien beim Wechsel zwischen den Erziehungs-, Lehr- und Lernkulturen eine bestmögliche Entwicklung zu ermöglichen, d.h. eine *Anschlussfähigkeit der Entwicklungsprozesse* sicherzustellen.

- Der Schuleintritt fällt für Kinder in eine sensible Phase der Entwicklung (Sameroff, 2010). Gleichzeitig erfährt die kindliche Identität durch den Übergang selbst bedeutende Umstrukturierungen (Griebel & Niesel, 2004). Vom Übergang können somit Impulse für die kindliche Identitäts- und Persönlichkeitsentwicklung ausgehen, welche in der Grundschule als Gegenstand und Zieldimension grundlegender Bildung (Jung, 2021) aufgegriffen und zur Entfaltung gebracht werden können. Auf diese Weise besteht die Möglichkeit, die Identitätsentwicklung der Kinder in der Grundschule zu fördern.

Aus den skizzierten grundschulpädagogischen Diskurslinien und in Anlehnung an die Definition von Griebel und Niesel (2004, 2020) kann folgende grundschulspezifische Begriffsannäherung an die Transition vom Kindergarten in die Grundschule abgeleitet werden:

I Allgemeine Grundlagen

> *Transitionen vom Kindergarten in die Grundschule* führen durch den Wechsel zwischen vorschulischen und schulischen Lernumwelten zu Veränderungsprozessen bei Kindern und deren Familien, bieten das Potenzial zur Initiierung von Entwicklungsimpulsen, nehmen Einfluss auf die kindliche Identitätsentwicklung und zielen unter Einbezug von Kontinuitäten und Diskontinuitäten auf eine adaptive, anschlussfähige Gestaltung von Bildungsprozessen im Elementar- und Primarbereich.

Diese Definition bildet die Grundlage für die weiteren Ausführungen in diesem Band. Dabei wird ein Augenmerk auf *inklusive* Transitionsprozesse gelegt. In Anlehnung an ein enges Inklusionsverständnis (zur Begründung vgl. Einleitung) wird unter der ›inklusiven Transition in die Schule‹ im Folgenden der Übergang von Kindern mit Beeinträchtigungen aus dem vorschulischen Bereich in die allgemeine Grundschule verstanden. Als ›Kinder mit Beeinträchtigungen‹ werden Kinder bezeichnet, deren Teilhabe am gesellschaftlichen Leben aufgrund ihrer geistigen, körperlichen und/oder seelischen Voraussetzungen dauerhaft erschwert ist.

2 Der inklusive Übergang in die Grundschule – Ein »neuer« Blick auf bekannte Herausforderungen?

Der Diskurs um den Eintritt ins formale Schulsystem ist keineswegs neu. Der Schuleintritt sowie der damit verbundene Wechsel der Bildungsinstitutionen ist vielmehr bereits seit fast zwei Jahrhunderten ein bedeutender Gegenstand der pädagogischen und bildungspolitischen Diskussion (Liebers, 2020). Gegenwärtig stehen vor allem die strukturellen Unterschiede der Bildungsinstitutionen Kindergarten und Grundschule im Zentrum anhaltender Debatten. Diehm (2008, S. 557) spricht von einer »Strukturdifferenz« der beiden Bildungsbereiche, die historisch gewachsen ist und trotz unterschiedlicher Reformbestrebungen (Faust, 2008) bis heute existiert. So wurden die im 19. Jahrhundert entstandenen Institutionen der frühkindlichen und vorschulischen Betreuung und Erziehung bei der Gründung der Grundschule 1919/1920 nicht in das neugeordnete Schulsystem integriert. Stattdessen blieb der Kindergartenbesuch mit dem Reichsjugendwohlfahrtsgesetz von 1922 freiwillig und unter der Aufsicht der Jugendhilfe (Pohlmann-Rother & Jung, 2019). Mit dem Strukturplan des Deutschen Bildungsrates (1970), einem der bedeutendsten bildungspolitischen Reformdokumente der 1960er und 1970er Jahre (Götz & Sandfuchs, 2014), sollten diese institutionelle Trennung aufgeweicht und Kindergarten und Grundschule als inhaltlich aufeinander bezogene Bildungsbereiche (Elementar- und Primarbereich) verankert werden. In diesem Kontext wurden verschiedene Reformmaßnahmen erprobt, um die Schuleintrittsphase neu zu gestalten und den Übergang zwischen den Institutionen für die Kinder zu erleichtern. Letztlich etablieren konnte sich jedoch keines dieser Modelle (Pohlmann-Rother & Jung, 2019).

Neue Reforminitiativen ab den 1990er Jahren führten zu einer Reihe weiterer Modellversuche, welche zwar nicht explizit auf die Gestaltung von Übergangsmaßnahmen zielten, aber die Neuorganisation des Schuleintritts auf schulischer Seite zum Ziel hatten und unter dem Sammelbegriff ›Neue Schuleingangsstufe‹ realisiert wurden. Allerdings gestaltete sich die Umsetzung in den Bundesländern sehr unterschiedlich (Götz, 2014), sodass bis heute nicht von einer flächendeckenden Einführung gesprochen werden kann. Kindergarten und Grundschule sind in Deutschland somit nach wie vor weitgehend eigenständige und strukturell getrennte Systeme. Der Übergang in die Schule ist daher noch immer eine bedeutende Weichenstellung, die spezifische Fragen aufwirft. Vor dem Hintergrund aktueller gesellschaftlicher Entwicklungsprozesse sind diese Fragen aus einer veränderten Blickrichtung zu betrachten. Die Herausforderungen, die dabei sichtbar werden, spiegeln aktuelle Diskurslinien zur Einschulung wider und machen deutlich, dass ein differenzierter Blick auf die Schuleingangsphase auch gegenwärtig so notwendig wie dringlich ist. Dies zeigt sich vor allem mit Blick auf *Inklusion* als zentralem gesellschaftlichem Wandlungsprozess, der weder den Bildungsbereich allgemein noch den Schuleintritt im Speziellen unberührt lässt. So stellen sich für die Gestaltung eines inklusiven Übergangs in die Schule spezifische Herausforderungen. Um einzelne Felder dieser Herausforderungen zu beschreiben, bietet sich ein Fokus auf die Akteurinnen und Akteure sowie die Rahmenbedingungen des Übergangs an.

- Für das *Kind* resultieren aus den Bestrebungen zur inklusiven Gestaltung des Übergangs bedeutende Implikationen. Dies zeigt sich beispielhaft am Diskurs zur Schulfähigkeit, der seit der Gründung dieser Schulform mit der Einschulung verbunden ist (Weißenfels & Brade, 2019). So ist die Geltung, Reichweite und Legitimität des Schulfähigkeitsbegriffs aus inklusiver Perspektive neu zu bewerten. Dabei stellt sich die Frage, inwieweit individuelle

Kompetenzen für die ›Schulfähigkeit‹ eines Kindes relevant sind, inwieweit das Konzept Schulfähigkeit über die herrschenden Rahmenbedingungen definiert werden sollte und inwieweit der Rückgriff auf das Konzept überhaupt noch gerechtfertigt ist. Anknüpfungspunkte kann dabei die Debatte um einen selektionsfreien Schulanfang und den Verzicht auf eine selektive Schuleingangsdiagnostik bieten, welche in der Grundschulpädagogik seit längerem geführt wird (Faust-Siehl, Garlichs, Ramseger, Schwarz & Warm, 1996).

- Die *Eltern* stehen beim Übergang nicht nur vor der Herausforderung, Entwicklungsaufgaben zu bewältigen (Griebel & Niesel, 2004). Sie sind auch gefordert, im Spannungsfeld zwischen gesellschaftlichen Erwartungen und persönlichen Überzeugungen die individuell richtige Einschulungsentscheidung für ihr Kind zu treffen (z. B. Pohlmann, Kluczniok & Kratzmann, 2009). Mit Blick auf aktuelle gesellschaftliche Entwicklungen sind die Anforderungen an die Eltern in diesem Zusammenhang hoch. Für Eltern von Kindern mit Beeinträchtigungen beispielsweise ist die Suche nach der geeignetsten Einschulungsvariante unter den Bedingungen der Inklusion herausfordernd. Zum einen kann die kontrovers und häufig normativ geführte Inklusionsdebatte (Kiel, 2017) Eltern in ihrer Übergangsentscheidung verunsichern. Zum anderen stellen sich Eltern von Kindern mit Beeinträchtigungen bei der Einschulung eine Vielzahl von Entscheidungsmöglichkeiten, welche neben dem Einschulungszeitpunkt auch die geeignete Schulform für ihr Kind betreffen kann (Dorrance, 2010). Dabei bewegen sich die Eltern in einem Rahmen komplexer gesetzlicher Vorgaben, über den sie sich informieren und innerhalb dessen sie ihre Entscheidung fällen müssen. Ein Fokus auf die Eltern im Übergang ist im Kontext der Inklusion somit umso bedeutender.
- Die *Pädagoginnen und Pädagogen* stehen bei der Gestaltung eines inklusiven Schuleintritts ebenfalls vor spezifischen Herausforderungen. Das Ziel, Kindern mit und ohne Beeinträchtigungen die gleichberechtigte Teilhabe an allgemeinen Bildungsangeboten zu ermöglichen, führt dazu, dass die Heterogenität der Schülerinnen

und Schüler im Übergang und am Schulanfang steigt. Dadurch verändert sich das Anforderungs- und Aufgabenprofil der Pädagoginnen und Pädagogen. Beispielsweise nehmen Beratungsgespräche mit Eltern von Kindern mit Beeinträchtigungen angesichts des erhöhten Unterstützungs- und Beratungsbedarfs, welchen Eltern von Kindern mit Beeinträchtigungen z. B. vor der Einschulungsentscheidung zeigen (Kron & Papke, 2006), mehr Raum in der pädagogischen Arbeit ein. Um Übergänge unter diesen Bedingungen inklusiv zu gestalten, gilt die Kooperation der am Übergang beteiligten Fach- und Lehrkräfte unter Einbezug der Eltern als möglicher Schlüssel (Albers & Lichtblau, 2020). Empirische Befunde verweisen jedoch darauf, dass in der praktischen Umsetzung weiterer Entwicklungsbedarf in diesem Bereich besteht: Auffällig sind insbesondere die Diskrepanzen zwischen der nachgewiesenen Wirkung einzelner Kooperationsmaßnahmen (Ahtola et al., 2011) und ihrer Verbreitung im pädagogischen Alltag (Pohlmann-Rother, Wehner & Kaiser-Kratzmann, in press).

- Schließlich stellt sich die Frage, inwieweit *strukturelle Anpassungen* nötig sind, um den Schuleintritt für Kinder mit Beeinträchtigungen und deren Eltern inklusiv zu gestalten. Gemäß dem Inklusionsverständnis der UN-Behindertenrechtskonvention sind Anpassungen im Bildungssystem für Inklusionsprozesse zentral. In diesem Sinne ist nicht nur die Schulfähigkeit des Kindes (vgl. oben), sondern – für eine Anschlussfähigkeit der Bildungsbereiche Kindergarten und Grundschule – auch die »Kindfähigkeit von Grundschule« (Liebers, 2022, S. 37) zu diskutieren.

Insgesamt zeigen die Ausführungen, dass ein dezidierter Blick auf den Schuleintritt auch aktuell notwendig ist. Vor allem die Bestrebungen zu einer inklusiven Gestaltung des Übergangs werfen eine Reihe von Fragen auf, die aus grundschulpädagogischer Sicht auf verschiedenen Ebenen zu klären sind:

Aus *formal-rechtlicher* Sicht ist von Interesse, inwieweit die geltenden Einschulungsregelungen inklusive Bildungsverläufe überhaupt ermöglichen (▶ Kap. 3.2), während *theoretisch-konzeptionell* zu fragen ist, wie die Spezifika des Übergangs mit den Grundlinien des Inklusionsgedankens verbunden werden können (▶ Kap. 6). Aus *empirischer* Sicht stellt sich auf Grundlage des aktuellen Forschungsstands die Frage, welche Aufgaben und Bewältigungsstrategien mit dem inklusiven Übergang für die beteiligten Kinder (▶ Kap. 8), Eltern (▶ Kap. 9) und Pädagoginnen und Pädagogen (▶ Kap. 10) verbunden sind bzw. notwendig erscheinen.

3 Formal-rechtliche Rahmenbedingungen des Übergangs

3.1 Fristgerechte und nicht-fristgerechte Einschulungen

Der Übergang in die Grundschule wird in Deutschland durch eine Reihe formaler Vorgaben geregelt. Während diese Vorgaben in den Bundesländern aufgrund des föderalen Bildungssystems unterschiedlich ausgestaltet sind, gelten die gesetzlichen Rahmenrichtlinien der Kultusministerkonferenz bundeslandübergreifend. Vor allem zwei Kriterien sind für die Einschulung in allen Bundesländern dabei leitend und in unterschiedlicher Form in den Landesgesetzen konkretisiert: das *Alter* des Kindes und die *Schulfähigkeit* des Kindes (Faust & Roßbach, 2014; Plehn, 2018).

Das *Alter* des Kindes ist in Form von ›Stichtagregelungen‹ in den Gesetzestexten verankert. Ein historischer Meilenstein für diese Entwicklung war das ›Hamburger Abkommen‹ aus dem Jahr 1964 (Kultusministerkonferenz, 1964). Darin vereinbarten die Kultusministerinnen und Kultusminister der Länder, dass ein Kind zum 01.08. eines Jahres schulpflichtig wird, wenn es bis zum 30.06. dieses Jahres (dem ›Stichtag‹) das sechste Lebensjahr vollendet. In den Jahren 1967 und 1968 wurden diese Vorgaben von der Kultusministerkonferenz durch Regelungen zu nicht-fristgerechten Einschulungen ergänzt. Damit wurde es möglich, a) Kinder im schulpflichtigen Alter bei mangelnder Schulfähigkeit vom Schulbesuch zurückzustellen und b) Kinder im nicht-schulpflichtigen Alter einzuschulen, sofern sie bis zum 31.12. desselben Jahres das 6. Lebensjahr vollendeten. Damit war der rechtlich-formale Kontext des Einschulungsprozesses für die nächsten 30 Jahre gesetzt (Faust, 2006).

Flächendeckend reformiert wurden die Einschulungsregelungen im Jahr 1997 durch die ›Empfehlungen zum Schulanfang‹ der Kultusministerkonferenz (1997). Den Bundesländern wurde darin die Freiheit zugestanden, den Stichtag für die Einschulung zwischen den 30.06. und 30.09. eines Jahres zu legen sowie Einschulungstermine während des Schuljahres anzubieten. Insbesondere von der Möglichkeit zur flexiblen Datierung des Stichtags wurde in den Bundesländern Gebrauch gemacht. Bis zum Schuljahr 2022/2023 haben sich auf diese Weise deutschlandweit fünf verschiedene Stichtage etabliert (▶ Tab. 1). Zudem wurde das Einschulungsverfahren innerhalb einzelner Bundesländer teilweise flexibilisiert. In Bayern beispielsweise wurde zum Schuljahr 2019/2020 ein ›Einschulungskorridor‹ eingerichtet, welcher Eltern von Kindern, die zwischen dem 01.07. und 30.09. eines Jahres das sechste Lebensjahr erreichen, die Entscheidung überlässt, ihr Kind im laufenden Jahr oder erst im darauffolgenden Jahr einzuschulen (Autorengruppe Bildungsberichterstattung, 2022).

Tab. 1: Einschulungsstichtage in den Bundesländern im Schuljahr 2022/2023 (eigene Recherche)

Stichtag	Bundesländer
30.06.	Baden-Württemberg, Bremen, Hessen, Mecklenburg-Vorpommern, Saarland, Sachsen, Sachsen-Anhalt, Schleswig-Holstein
01.07.	Hamburg
01.08.	Thüringen
31.08.	Rheinland-Pfalz
30.09.	Bayern, Berlin, Brandenburg, Niedersachsen, Nordrhein-Westfalen

Eine zweite Neuerung, die von den ›Empfehlungen zum Schuleintritt‹ im Jahr 1997 ausging, betraf die Regelungen zu nicht-fristgerechten Einschulungen. Vorzeitige Einschulungen auf Antrag der Erziehungsberechtigten wurden jetzt in begründeten Ausnahmefällen auch für Kinder möglich, die nach dem 31.12. eines Jahres sechs Jahre alt werden. Zurückstellungen sollten auf Ausnahmen beschränkt bleiben und nur erfolgen, wenn durch eine schulische Förderung des Kindes die für die optimale kindliche Entwicklung nötigen Bedingungen nicht geschaffen werden können. In den Bundesländern wurden die Einschulungsregelungen infolge der Empfehlungen nach und nach angepasst (Wehner & Kratzmann, 2020). Vorzeitige Einschulungen sind heute in allen Bundesländern vorgesehen, müssen von den Eltern beantragt und von der Schulleitung, der Schulbehörde oder Fachaufsichten genehmigt werden. Teils wird die Entscheidung auch von einem ärztlichen oder schulpsychologischen Gutachten begleitet. Der Anteil an vorzeitigen Einschulungen bewegt sich in den letzten Jahren konstant zwischen 2,5 % und 2,7 % aller Eingeschulten und lag im Schuljahr 2020/2021 deutschlandweit bei 2,7 % (Autorengruppe Bildungsberichterstattung, 2022). Zurückstellungen sollen heute nur in Ausnahmefällen erfolgen, sind meist ebenfalls an ein ärztliches Gutachten oder spezifische Fördermaßnahmen im zusätzlichen Vorschuljahr gekoppelt, werden von den Eltern oder der Schulleitung in die Wege geleitet und i. d. R. durch die Schulleitung entschieden (Wehner & Kratzmann, 2020). Im Schuljahr 2020/21 waren ca. 6,6 % der Einschulungen bundesweit Zurückstellungen. Im Vergleich zum Vorjahresniveau (7,6 %) stellt dies einen erkennbaren Rückgang dar (Autorengruppe Bildungsberichterstattung, 2022). Dies kann vermutlich vor allem auf die Einführung des Einschulungskorridors in Bayern zurückgeführt werden, durch den ein Teil der nichteingeschulten Kinder, die im Vorjahr noch zur Gruppe der Zurückgestellten gezählt hätten, nicht mehr als zurückgestellt erfasst wurde. Insgesamt lässt sich beobachten, dass die Zahlen der nichtfristgerechten Einschulungen zwischen den Bundesländern aufgrund der unterschiedlichen Stichtagregelungen teils deutlich variieren (ebd.). Dabei geht ein späterer Stichtag tendenziell mit höheren Zurückstellungsquoten und einem niedrigen Anteil an vorzeitigen Einschulungen einher.

Das zweite Einschulungskriterium, welches in den Bundesländern herangezogen wird, ist die *Schulfähigkeit* des Kindes. Während in den frühen Schulordnungen des 19. und 20. Jahrhunderts Merkmale festgeschrieben wurden, die als Voraussetzung für einen erfolgreichen Schuleintritt und damit die kindliche Reife bzw. Fähigkeit zum Schulbesuch galten (Liebers, 2022), ist das Schulfähigkeitsverständnis in den gesetzlichen Rahmenvorgaben heute komplexer. Zwar wird körperlichen, geistigen, sozialen und sprachlichen Fähigkeiten eines Kindes noch immer Bedeutung beigemessen (Plehn, 2018), z. B. im Hessischen Schulgesetz, in dem eine Zurückstellung von Schulbesuch einen unzureichenden körperlichen, geistigen und seelischen Entwicklungsstand voraussetzt (§ 58 Abs. 3 SchulG HE). Schulfähigkeit allein als individuelles Merkmal eines Kindes zu konstruieren, wird von bildungspolitischer Seite aber zunehmend abgelehnt. In den Empfehlungen zum Schulanfang (Kultusministerkonferenz, 1997, S. 2) beispielsweise wird betont:

> »Schulfähigkeit steht im Schnittpunkt der Lernvoraussetzungen des Kindes, des sachlichen Anspruchs der Inhalte und des pädagogischen Konzepts der Schule. Eine einseitig auf das Kind ausgerichtete Feststellung der Schulfähigkeit wird diesem Verständnis nicht gerecht.«

Deshalb seien

> »Ergebnisse rein kognitiv ausgerichteter Schulfähigkeitstests als alleinige Grundlage der Entscheidung über die Aufnahme eines Kindes in die Schule nicht hinreichend.«

In dieser Auffassung spiegelt sich ein ökosystemisches Verständnis von Schulfähigkeit wider, wie es im wissenschaftlichen Diskurs seit längerem verhandelt wird (▶ Kap. 5.5). Mit den ›Empfehlungen zur Arbeit in der Grundschule‹ (Kultusministerkonferenz, 2015) wird darüber hinaus die Bedeutung der Grundschule als Schule für *alle* Kinder hervorgehoben, in der eine selektive Schuleingangsdiagnostik und ein entsprechend exklusives Schulfähigkeitsverständnis ihre Berechtigung verloren haben (Liebers, 2022).

3.2 Einschulungsregelungen im Kontext der Inklusion

Für die Einschulung im Kontext der Inklusion enthalten die Landesgesetze spezifische Vorgaben (Gasterstädt, Kistner & Adl-Amini, 2020). In allen Bundesländern gibt es Regelungen, welche die Einschulung von Kindern mit Beeinträchtigungen bzw. sonderpädagogischem Förderbedarf[2] adressieren, wobei das Elternwahlrecht eine zentrale Rolle einnimmt. Dieses bezieht sich sowohl auf den Einschulungszeitpunkt (d. h. fristgerechte vs. nicht-fristgerechte Einschulung) als auch auf den schulischen Lernort des Kindes, d. h. die Frage, ob bzw. inwieweit die Eltern darüber entscheiden können, welche Schulform (Grundschule vs. Förderschule) ihr Kind besuchen wird. Eine Analyse der aktuell (Schuljahr 2022/2023) geltenden gesetzlichen Bestimmungen zeigt, dass sich die Bundesländer bezüglich des Elternrechts bei der Wahl der Schulform in drei Gruppen einteilen lassen. Dabei ist zu beachten, dass das Förderschulwesen in den Bundesländern sehr unterschiedlich ausgebaut ist und die Förderschule teils einen wichtigen Bestandteil des schulischen Angebots darstellt (z. B. in Bayern), teils weitestgehend zurückgebaut oder gar abgeschafft wurde (z. B. in Bremen).

Tabelle 2 illustriert die Regelungen zum Elternwahlrecht in den Bundesländern. Als Orientierung dient die Systematik von Gasterstädt et al. (2020), legt für die Zuordnung der Bundesländer zu den

---

2 In den geltenden Gesetzestexten wird der formale Terminus »sonderpädagogischer Förderbedarf« statt des Begriffs »Beeinträchtigung« verwendet. Um diesem Umstand Rechnung zu tragen, wird der Begriff »sonderpädagogischer Förderbedarf« im folgenden Kapitel ebenfalls herangezogen.

Ländergruppen aber die zum Schuljahr 2022/2023 geltenden Gesetzestexte zugrunde.

Tab. 2: Übersicht über die Regelungen zum Elternwahlrecht in den Bundesländern (Zuordnung der Bundesländer zu den Ländergruppen nach den geltenden Regelungen zum Schuljahr 2022/2023)

Ländergruppe	Elternwahlrecht	Bundesländer
Gruppe I	*Freies Elternwahlrecht, ohne Einschränkungen* für die Entscheidung über die zu besuchende Schulform.	Niedersachsen, Rheinland-Pfalz
Gruppe II	*Elternwahlrecht mit Einschränkungen*, wie z. B. ein Ressourcenvorbehalt (d. h. die Bedingung, dass an der allgemeinen Schule die nötigen räumlichen, sächlichen und/oder personellen Mittel zur Verfügung stehen, um die inklusive Beschulung realisieren zu können). Liegen die Voraussetzungen für die Einschränkungen vor (z. B., wenn die nötige Ausstattung für die inklusive Beschulung eines Kindes mit Beeinträchtigungen bzw. sonderpädagogischem Förderbedarf nicht gegeben ist), treffen die zuständigen Schulleitungen oder Angehörige der Bildungsadministration die finale Entscheidung über den schulischen Lernort des Kindes.	Baden-Württemberg, Bayern, Berlin, Mecklenburg-Vorpommern, Nordrhein-Westfalen, Saarland
Gruppe III	*Kein elterliches Wahlrecht.* Die Entscheidung über den schulischen Lernort des Kindes liegt direkt bei Vertreterinnen und Vertretern der Schulen oder der Bildungsadministration bzw. -politik. Die Eltern sollen im Vorfeld gegebenenfalls angehört bzw. der Elternwille berücksichtigt werden, jedoch nicht allein Ausschlag über die Entscheidung geben.	Brandenburg, Hamburg, Hessen, Schleswig-Holstein ähnlich in Bremen, Sachsen, Sachsen-Anhalt und Thüringen[3]

---

3 Seit der Abschaffung der Förderschulen in Bremen betrifft die Entscheidung

Über den Stand der Inklusion beim Übergang in die Schule geben bildungsstatistische Daten Auskunft. Demnach besaßen im Schuljahr 2020/2021 insgesamt 1,4 % der Kinder, die an Grundschulen in Deutschland eingeschult wurden, einen sonderpädagogischen Förderbedarf, d. h. die Quote der inklusiv Eingeschulten betrug 1,4 %. Dagegen wurden 3,2 % des Einschulungsjahrgangs an der Förderschule eingeschult, davon doppelt so viele Jungen wie Mädchen (Autorengruppe Bildungsberichterstattung, 2022). Zwischen Ländern, in denen die zu besuchende Schulform vollständig dem Elternwillen unterliegt, und Ländern ohne freies Elternwahlrecht unterscheiden sich die Einschulungsquoten dabei nicht systematisch. Stattdessen scheint der Ausbau des Förderschulsystems eine Rolle zu spielen: In Ländern, in denen das Förderschulwesen sehr differenziert und das Förderschulangebot sehr umfassend ist (z. B. Bayern), sind die Quoten der Direkteinschulungen an Förderschulen tendenziell höher als in Ländern, in denen die Förderschule eine untergeordnete Rolle in der Schullandschaft spielt (z. B. Schleswig-Holstein). Ein möglicher Grund wird u. a. darin gesehen, dass die Diagnose- und Zuweisungsverfahren in manchen Bundesländern in der Verantwortung der Förderschulen liegen und die Förderschulen durch eine entsprechende Zuweisungspraxis unter Umständen ›Selbsterhalt‹ betreiben (ebd., S. 115–116). Dabei diagnostizieren die Förderschulen einen zunehmend größeren Anteil der Kinder für den Förderschulbesuch, um sinkenden Schülerzahlen zu begegnen und nicht Gefahr zu laufen, aufgrund geringer Nachfrage geschlossen zu werden (Helbig & Steinmetz, 2021).

Zur Entscheidung über den Einschulungszeitpunkt, welche Eltern von Kindern mit Beeinträchtigungen bzw. sonderpädagogischem

---

dort die Optionen allgemeine Schule vs. Zentren für unterstützende Pädagogik, welche an allgemeinen Schulen angegliedert sind. In Sachsen, Sachsen-Anhalt und Thüringen ist es grundsätzlich vorgesehen, Kinder mit Beeinträchtigungen bzw. sonderpädagogischem Förderbedarf an allgemeinen Schulen aufzunehmen. Nur wenn dies nicht möglich scheint, wird die Schulaufsichtsbehörde aktiv und entscheidet.

Förderbedarf treffen müssen, finden sich in den Landesgesetzen ebenfalls Vorgaben. Im historischen Verlauf zeichnet sich dabei eine Liberalisierung der Bestimmungen ab. Während Zurückstellungen für Kinder, für die eine ›Sonderschulüberweisung‹ in Frage kam, im Hamburger Abkommen bzw. dessen Nebenbestimmungen ausdrücklich nicht vorgesehen war, ist es heute möglich, auch Kinder mit Beeinträchtigungen bzw. sonderpädagogischem Förderbedarf vom Schulbesuch zurückzustellen. Das bayerische Erziehungs- und Unterrichtsgesetz bzw. die bayerische Grundschulordnung beispielsweise nennen diese Möglichkeit explizit. Die Voraussetzung ist, dass nach dem zusätzlichen Kindergartenjahr der erfolgreiche Besuch einer Grundschule zu erwarten ist (Art. 41 Abs. 7 BayEUG i.V.m. § 2 Abs. 5 GrSO).

4 Zusammenfassung – Reflexionsaufgaben – Weiterführende Literatur

Die bisherigen Ausführungen unterstreichen die Bedeutung des Schuleintritts im aktuellen grundschulpädagogischen Diskurs. Dabei wurde deutlich, dass die »Strukturdifferenz« (Diehm, 2008, S. 557) zwischen schulischem und vorschulischem Bereich nach wie vor existiert und Kindergarten und Grundschule als institutionell getrennte Systeme ausweist. Der Übergang zwischen diesen Systemen wirft Fragen auf, die vor dem Hintergrund aktueller Inklusionsbestrebungen (z. B. dem Rückbau des Förderschulwesens in einzelnen Bundesländern) neu zu bearbeiten sind.

Aufgaben:

1) Reflektieren Sie die Rolle des Kindes, der Eltern und des pädagogischen Personals beim Schuleintritt im Kontext inklusiver Bildungsbemühungen. Gehen Sie besonders darauf ein, inwieweit sich die Aufgaben der Pädagoginnen und Pädagogen verändern, wenn Kinder mit Beeinträchtigungen in die Grundschule eingeschult werden. Erörtern Sie im Anschluss, inwieweit strukturelle Änderungen dazu beitragen könnten, den inklusiven Schuleintritt zu erleichtern.

Die rechtlichen Vorgaben zum Schuleintritt fokussieren das Alter und die Schulfähigkeit des Kindes als zentrale Einschulungskriterien. Die Rolle des Alters hängt eng mit den Stichtagregelungen in den Bundesländern zusammen. Schulfähigkeit soll nicht mehr ausschließlich über Merkmale des Kindes erfasst werden; gleichwohl wird dem kindlichen Entwicklungsstand weiterhin Bedeutung zugeschrieben. Hinsichtlich der Ausgestaltung und Konkretisierung der KMK-Vorgaben existieren in den Bundesländern Unterschiede, die sich auch in den Einschulungsregelungen für Kinder mit Beeinträchtigungen niederschlagen. Unterschiede zwischen den Bundesländern zeigen sich zudem mit Blick auf die Quote der inklusiv eingeschulten Kinder. Wird das gesamte Bundesgebiet betrachtet, fällt auf, dass die Quote der inklusiv Eingeschulten trotz anhaltender Inklusionsbestrebungen niedrig ist.

2) Recherchieren Sie die Einschulungsregelungen in Bayern und Schleswig-Holstein.
   a) Reflektieren Sie anhand der rechtlichen Vorgaben zum Schuleintritt am Beispiel der beiden Bundesländer, was Gründe für die niedrige Einschulungsquote von Kindern mit Beeinträchtigungen an die Grundschule sein könnten.
   b) Nehmen Sie auf die Bedeutung der Schulfähigkeit in den Gesetzestexten am Beispiel der beiden Bundesländer Bezug und erörtern Sie, inwieweit Anpassungen in den rechtlichen Vorgaben die Zahl der inklusiven Einschulungen verändern könnten.

Weiterführende Literatur
Liebers, K. (2022). Schuleingangsdiagnostik im adaptiven Anfangsunterricht. Lernen in der Zone der nächsten Entwicklung ermöglichen. In M. Gutzmann & U. Carle (Hrsg.), *Anfangsunterricht – Willkommen in der Schule!* (S. 37–48). Frankfurt a. M.: Grundschulverband e. V.
Plehn, M. (2018). Übergang vom Kindergarten in die Grundschule – Rechtliche Rahmenbedingungen und Gestaltungsräume in der Praxis. In U. Lohrentz (Hrsg.), *Das große Handbuch Recht in der Kita* (S. 733–759). Köln: Carl Link.
Weißenfels, I. & Brade, J. (2019). Entwicklungslinien der Einschulung und pädagogischen Gestaltung des Schulanfangs. In B. Dühlmeier & U. Sandfuchs (Hrsg.), *100 Jahre Grundschule. Geschichte – aktuelle Entwicklungen – Perspektiven* (S. 91–105). Bad Heilbrunn: Klinkhardt.

II Theoretische Grundlagen

5 Ansätze und Rahmenmodelle zum Übergang

Eine umfassende Theorie des Schulanfangs, die das Zusammenwirken aller Beteiligten adäquat abbildet und zugleich der Bildungsbedeutung des Schuleintritts gerecht wird, liegt bis heute nicht vor (Pohlmann-Rother & Jung, 2019). Stattdessen wird auf verschiedene theoretische Ansätze zurückgegriffen, um den Übergang ins formale Schulsystem zu beschreiben. Im Folgenden werden ausgewählte Konzepte erläutert, welche in der Forschung zum Schuleintritt gegenwärtig diskutiert werden bzw. maßgeblichen Einfluss auf die Übergangsforschung genommen haben (Faust, 2013; Griebel & Niesel, 2020). Darauf aufbauend wird ein Theoriemodell vorgestellt (▶ Kap. 6), welches den Schuleintritt im Kontext der Inklusion in den Blick nimmt und einen Beitrag zur theoretischen Fundierung des inklusiven Schuleintritts leistet.

5.1 Bildungsökonomische Modelle

Bildungsökonomische Ansätze fokussieren den wirtschaftlichen Aspekt von Bildungsprozessen, -institutionen und -systemen (Timmermann & Weiß, 2015). Im Mittelpunkt steht die Frage, wie vorhandene Mittel im Bildungswesen so eingesetzt werden können, dass sie optimale (finanzielle und nicht-finanzielle) Erträge erzielen (Weiß, 2012). Bildung wird als Investition in den Kompetenzbestand eines Menschen verstanden, welche die Grundlage für dessen (künftige) Produktivität schafft (Kugler & Wößmann, 2019). Durch die Optimierung von Bildungsprozessen und -verläufen soll erreicht werden, dass die für Bildung aufgewendeten Mittel zu maximalen Erträgen führen, z.B. in Form formaler Bildungsabschlüsse (Timmermann & Weiß, 2015). Da die Einschulung eine zentrale Gelenkstelle im Bildungsverlauf darstellt, wird der Schuleintritt auch in bildungsökonomischen Ansätzen fokussiert. Insbesondere die Frage nach dem ›optimalen‹ Einschulungsalter von Kindern wird in diesem Kontext diskutiert, etwa wenn es um empirisch nachweisbare Zusammenhänge zwischen dem Schuleintrittsalter und dem erzielten Bildungsabschluss am Ende der Schulzeit geht (Faust, 2013).

Aus pädagogischer Sicht sind bildungsökonomische Ansätze allein nicht ausreichend, um den Schuleintritt zu systematisieren. So ist der Zusammenhang zwischen den Eingangsbedingungen und dem Gelingen des Schuleintritts nicht linear, d.h. eine Optimierung der Ausgangslage (z.B. durch verbesserte Rahmenbedingungen) führt nicht zwangsläufig zu einer positiveren Bewältigung des Übergangs. Stattdessen beeinflussen verschiedene Prozesse, Akteurinnen und Akteure das Übergangsgeschehen und damit auch, ob bzw. inwieweit veränderte Rahmenbedingungen in erfolgreicheren Übergangsverläufen münden (▶ Kap. 6). Um die Prozesse, Akteurinnen und Akteure zu beschreiben, die an dieser Stelle einflussreich sind, ist der Rückgriff auf weitere theoretische Konzepte notwendig.

5.2 Allgemeine Übergangsforschung

Aus Sicht der allgemeinen Übergangsforschung werden Übergänge vor dem Hintergrund der gesamten Lebensspanne einer Person betrachtet (Faust, 2013). Kennzeichnend ist folglich eine *Lebenslaufperspektive*, wonach der Wechsel zwischen sozialen Lebenslagen (z.B. zwischen Familienverhältnissen oder Bildungsstufen) ein prägendes Element der menschlichen Biografie darstellt (Truschkat, 2013). Das Erkenntnisinteresse gilt den verschiedenen Übergängen im Lebenslauf, explizit auch frühen Übergängen (Tippelt, 2007), denen für das weitere Leben einer Person Bedeutung zugeschrieben wird. Der Betrachtungsfokus liegt sowohl auf den strukturellen Rahmenbedingungen des Übergangs als auch auf den subjektiven Verarbeitungsprozessen der am Übergang beteiligten Personen (Tippelt, 2004).

Aus der Perspektive einer allgemeinen Übergangsforschung ist der Schuleintritt für den weiteren Lebensweg eines Menschen relevant. Dabei sind u. a. die Bildungsentscheidungen einflussreich, welche an der Schnittstelle zwischen den Bildungsstufen wirksam werden (Faust, 2013). Beim Schuleintritt sind Entscheidungen in Bezug auf den Einschulungszeitpunkt sowie – gegebenenfalls – den Ort der Beschulung bzw. die zu besuchende Schulform zu treffen. Bezogen auf diese Fragen kann der Zugang über die allgemeine Übergangsforschung einen Beitrag zur grundschulpädagogischen Auseinandersetzung mit dem Übergang in die Schule leisten. Die Lebenslaufperspektive beispielsweise eröffnet die Möglichkeit, die Rolle der Einschulung bei der Entstehung und Manifestation sozialer Ungleichheiten zu beschreiben (ebd.). Da soziale Ungleichheiten auch beim Schuleintritt von Kindern mit Beeinträchtigungen zutage treten – z.B. in Form von Direkteinschulungen an Förderschulen – und im Bildungsverlauf eines Kindes kumulieren (Becker, 2016), d.h. sich in der weiteren Bildungsbiografie oftmals noch verstärken, ist dies von Bedeutung. Damit bietet die allgemeine Übergangsforschung für die Analyse des Schuleintritts einen geeigneten Ansatzpunkt. Um die Besonderheiten der Einschulung im Detail zu fassen, ist sie jedoch zu unspezifisch und durch weitere Theorieansätze und Diskurslinien zu konkretisieren.

5.3 Stresstheorie

Eine Theorie, auf deren Grundlage differenzierte Aussagen zur Übergangsbewältigung getroffen werden können, ist die Stresstheorie nach Lazarus (1966, 1995) bzw. Lazarus und Folkman (1984).

Demnach nehmen Individuen Veränderungen in ihrem Leben (z. B. den Schuleintritt) als stressreich wahr, wenn sie der Meinung sind, dass die ihnen zur Verfügung stehenden Ressourcen nicht ausreichen, um die Veränderungen zu bewältigen. Entscheidend ist die Frage, wie Individuen den eigenen Ressourcenbestand und die Anforderungen der Situation subjektiv einschätzen. Für die Einschätzung ist vor allem relevant, wie tiefgreifend die Veränderung empfunden wird, ob sie erwünscht ist und ob sie als kontrollierbar wahrgenommen wird. Im Ergebnis können Ereignisse bzw. Veränderungen als Herausforderung (positive Wahrnehmung) oder Bedrohung (negative Wahrnehmung) gesehen werden. Auf Basis des Bewertungsprozesses (›appraisal‹) initiieren Individuen anschließend Bewältigungshandlungen (›coping‹), welche das weitere Verhalten bestimmen.

Der Schuleintritt geht für die meisten Eltern und Kinder mit tiefgreifenden Veränderungen einher, welche für den Einzelnen bzw. die Einzelne nur bedingt kontrollierbar sind. Die Annahmen der Stresstheorie erscheinen für den Übergang ertragreich, weil auf Basis dieses Ansatzes begründet werden kann, dass die individuellen Ressourcen von Eltern und Kindern und damit auch die Unterstützung der Eltern und Kinder beim Aufbau dieser Ressourcen eine bedeutende Rolle spielen, um eine erfolgreiche Übergangsbewältigung zu gewährleisten. Daraus kann die Notwendigkeit einer bedarfsorientierten Begleitung und Unterstützung der Eltern und Kinder beim Übergang abgeleitet werden, welche die Voraussetzung für eine erfolgreiche Transitionsgestaltung darstellt.

5.4 Theorie der kritischen Lebensereignisse

Neben der Stresstheorie erlaubt auch die Theorie der kritischen Lebensereignisse (Filipp, 1995) Aussagen zu der Frage, auf welche Weise Personen Übergänge im Bildungsverlauf bewältigen können. Nach

Filipp (1995) sind kritische Lebensereignisse 1) raumzeitliche Verdichtungen von Ereignissen im Erfahrungsstrom einer Person, durch die 2) das »zwischen Person und Umwelt aufgebaute Passungsgefüge« (ebd., S. 39) aus dem Gleichgewicht gebracht wird und die in der Folge 3) emotionale Reaktionen in der Person auslösen. Störungen im Passungsgefüge können sowohl durch Änderungen innerhalb der Person (z.B. individuelle Entwicklungsprozesse) als auch durch Änderungen in der Umwelt (z.B. den Wechsel vom vorschulischen in den schulischen Bereich) verursacht werden. Bewältigungshandlungen, welche auf die Verarbeitung und den Umgang mit kritischen Lebensereignissen abzielen, sind vorrangig darauf ausgerichtet, die Passung zwischen der Person und ihrer Umwelt wiederherzustellen. Ähnlich wie in der Stresstheorie spielt auch in der Theorie der kritischen Lebensereignisse die subjektive Einschätzung der Ereignisse eine bedeutende Rolle: Ob ein kritisches Lebensereignis als herausfordernd (Chance) oder als belastend (Risiko) wahrgenommen wird, hängt davon ab, wie die Person das Ereignis individuell bewertet.

Der Übergang in die Schule kann sowohl mit Veränderungen in der Person des Kindes bzw. der Eltern einhergehen als auch Veränderungen in deren Umwelt zur Folge haben. Legt man diese theoretischen Überlegungen zugrunde, kann der Übergang als kritisches Lebensereignis bezeichnet werden. Die positive Bewertung der Transition durch die Eltern und Kinder ist demnach zentral und förderwürdig, weil die mit dem Übergang einhergehenden Veränderungen auf diese Weise als Chance wahrgenommen werden können.

5.5 Ökosystemische Modelle

Um bildungsbiografische Übergänge von Individuen im Kontext ihrer Umwelt zu beschreiben, bieten ökosystemische Modelle eine geeignete theoretische Grundlage. Nach einem ökosystemischen Verständnis ist die erfolgreiche Bewältigung von Übergängen nicht die Einzelleistung einer Person, sondern hängt von Wechselwirkungen zwischen den am Übergang beteiligten Umweltsystemen und den Akteurinnen und Akteuren in den Umweltsystemen ab. Besonders der ökopsychologische Ansatz von Bronfenbrenner (1979) ist für dieses Verständnis einflussreich. Darin wird die menschliche Umwelt in eine Reihe von Systemen untergliedert, die ineinander verschachtelt sind und in Beziehung stehen. Das *Mikrosystem* beschreibt die unmittelbare Umwelt einer Person sowie Beziehungen zu anderen Personen in der unmittelbaren Umwelt. Mit Blick auf den Schuleintritt gehören hierzu z. B. das Kind und seine Familie. Das *Mesosystem* umfasst die Beziehungen zwischen den Mikrosystemen, z. B. zwischen der Familie eines Kindes und den pädagogischen Fachkräften im Kindergarten. Dem *Exosystem* gehört das Individuum selbst nicht an. Trotzdem nimmt es indirekt Einfluss auf das Individuum. Für ein Kind, das eingeschult werden soll, aber noch nicht die Schule besucht, gehört z. B. die Grundschule zum Exosystem (Faust, 2013). Das *Makrosystem* ist der gesamtgesellschaftliche Kontext, dem z. B. die geltenden Einschulungsregelungen zuzuordnen sind. Um zeitliche Abläufe in den Interaktionen zwischen den Systemen und Systemebenen zu beschreiben, wird auch von mikro-, meso- und makrochronolgischen Systemen gesprochen (Bronfenbrenner & Morris, 2006).

Das ökosystemische Verständnis bildet für die Modellierung des Schuleintritts einen bedeutenden theoretischen Bezugsrahmen, weil es verdeutlicht, dass an der Gestaltung des Übergangs verschiedene Umwelten beteiligt sind. Ein (vor allem international) sehr einflussreiches Modell zum Schuleintritt, welches auf diesem Verständnis fußt, ist das ›Ecological and Dynamic Model of Transition‹ (Rimm-Kaufman & Pianta, 2000). In diesem Modell sind neben dem Kind auch die Familien, Peers, Pädagoginnen und Pädagogen der vorschulischen und schulischen Bildungseinrichtungen sowie die außerinstitutionelle Umwelt (z. B. die Nachbarschaft des Kindes) relevante Akteurinnen und Akteure im Übergang. Zwischen den verschiedenen Akteurinnen und Akteuren finden Interaktionen statt, welche die

Übergangsbewältigung des Kindes beeinflussen und zugleich aus der Übergangsbewältigung hervorgehen. Bedeutsam sind sowohl Wechselwirkungen zwischen dem Kind und den übrigen Akteurinnen und Akteuren als auch Wechselwirkungen zwischen den Akteurinnen und Akteuren (Albers & Lichtblau, 2014). Der Übergang wird in dem Modell als dynamischer Prozess aufgefasst, wobei ein Augenmerk auf der Entwicklung der Akteurinnen und Akteure über die Zeit sowie der Entwicklung der Beziehungen zwischen den Akteurinnen und Akteuren liegt.

5.6 Transitionsansatz

Die Grundidee der ökosystemischen Ansätze wird auch im Transitionsansatz aufgegriffen (Griebel & Niesel, 2004, 2020). Demzufolge hängt die Übergangsbewältigung eines Kindes nicht allein vom Handeln oder den individuellen Kompetenzen des Kindes ab, sondern von der ko-konstruktiven Zusammenarbeit aller Beteiligten im Übergangsgeschehen. Transitionskompetenz wird dementsprechend als »Kompetenz des sozialen Systems« (Griebel & Niesel, 2020, S. 38) definiert. Die Aufgaben, mit denen Kinder und Eltern im Rahmen des Übergangs konfrontiert sind, werden als ›Entwicklungsaufgaben‹ bezeichnet. Grundlegend ist die Annahme, dass die Bewältigung der Aufgaben Entwicklungsfortschritte auf Seiten der Kinder und Eltern initiiert (vgl. entwicklungspsychologisches Verständnis von Transitionen, ▶ Kap. 1). Um die Entwicklungsaufgaben zu strukturieren, unterscheiden Griebel und Niesel (2004, 2020) zwischen drei Ebenen. Auf *individueller* Ebene sind Aufgaben verortet, welche die einzelne Person, deren Erleben und Kompetenzen betreffen. Auch der Umgang mit Veränderungen in der eigenen Identität und dem eigenen Rollenbild sind auf individueller Ebene relevant. Aufgaben auf *interaktionaler* Ebene betreffen die Beziehungsgestaltung der Akteurinnen und Akteure. Entwicklungsaufgaben auf *kontextueller* Ebene beziehen sich auf den Umgang der Akteurinnen und Akteure mit allgemeinen bzw. institutionellen Rahmenbedingungen (▶ Kap. 8.2 und ▶ Kap. 9.3).

Der Transitionsansatz war nicht nur richtungsweisend für die Übergangsforschung, sondern gewann im Laufe der Jahre auch eine hohe praktische Relevanz. Beispielsweise wurde das Modell in einer Reihe frühkindlicher Bildungspläne aufgegriffen (z. B. in Bayern, Hessen oder Berlin). Die Verortung der Entwicklungsaufgaben auf den einzelnen Ebenen etwa wird häufig als Folie genutzt, um die übergangsbezogenen Herausforderungen für Eltern und Kinder darzustellen. Allerdings wurde auch Kritik am Transitionsansatz geäußert. So werde die Stressbelastung durch den Schuleintritt im Transitionsansatz tendenziell überschätzt (Kluczniok & Roßbach, 2020). Zudem gilt das Modell als ungeeignet, um gruppenbezogene Veränderungsprozesse zu prognostizieren (Faust, 2008). Aus grundschulpädagogischer Sicht wird kritisiert, dass das Modell auf Übergänge allgemein bezogen ist und dadurch die Spezifika einzelner Übergänge, wie den Schuleintritt, nicht hinreichend berücksichtigt (ebd.).

Im folgenden Kapitel wird ein von der Autorin und dem Autor dieses Bandes entwickeltes Modell vorgestellt, welches den zentralen Kritikpunkten Rechnung trägt und zugleich die Spezifika des Übergangs in die Grundschule im Kontext der Inklusion integriert.

6 Modell zum inklusiven Übergang in die Schule

Der Schuleintritt ist eine zentrale Gelenkstelle in der Bildungsbiografie und als solche durch spezifische Merkmale gekennzeichnet (▶ Kap. 1). Um den Schuleintritt (Faust, 2013) und inklusive Transitionsprozesse in diesem Kontext (Albers & Lichtblau, 2014) theoretisch fundiert zu beschreiben, ist ein Modell erforderlich, welches sowohl die Besonderheiten der Einschulung als auch den Grundgedanken inklusiver Bildungsbemühungen angemessen berücksichtigt. Im Folgenden wird ein Modell vorgestellt, welches vorliegende theoretische Ansätze aufgreift und mit Blick auf inklusionsbezogene Anforderungen im Übergang konkretisiert: das generische Modell der inklusiven Transition in die Schule. Dieses Modell wurde von der Autorin und dem Autor des Bandes entwickelt (Then & Pohlmann-Rother, 2023b), um die pädagogischen und psychologischen Theoriediskurse zum Übergang in die Grundschule unter Berücksichtigung inklusionsbezogener Ansprüche grundschulpädagogisch zu präzisieren und auf einer Theorieebene zusammenzuführen.

In Anlehnung an den weiten Inklusionsbegriff (Lindmeier & Lütje-Klose, 2015) liegt dem generischen Modell der inklusiven Transition in die Schule die Annahme zugrunde, dass jedes Kind im Übergang individuellen Unterstützungsbedarf bzw. individuelle Bedürfnisse hat und entsprechender Begleitung bedarf. Damit besitzt das Modell grundsätzlich für alle Kinder Geltung. Gleichzeitig bietet es die Möglichkeit, auch besondere Bedürfnislagen bestimmter Gruppen von Kindern (z. B. Kinder mit Beeinträchtigungen) abzubilden und daraus resultierende spezifische Anforderungen im Übergang und in dessen Zusammenhang zu beschreiben (enger Inklusionsbegriff). Wie eng oder weit der im Modell fokussierte Personenkreis gefasst wird, hängt vom jeweiligen Kontext ab, auf den das Modell bezogen wird.

II Theoretische Grundlagen

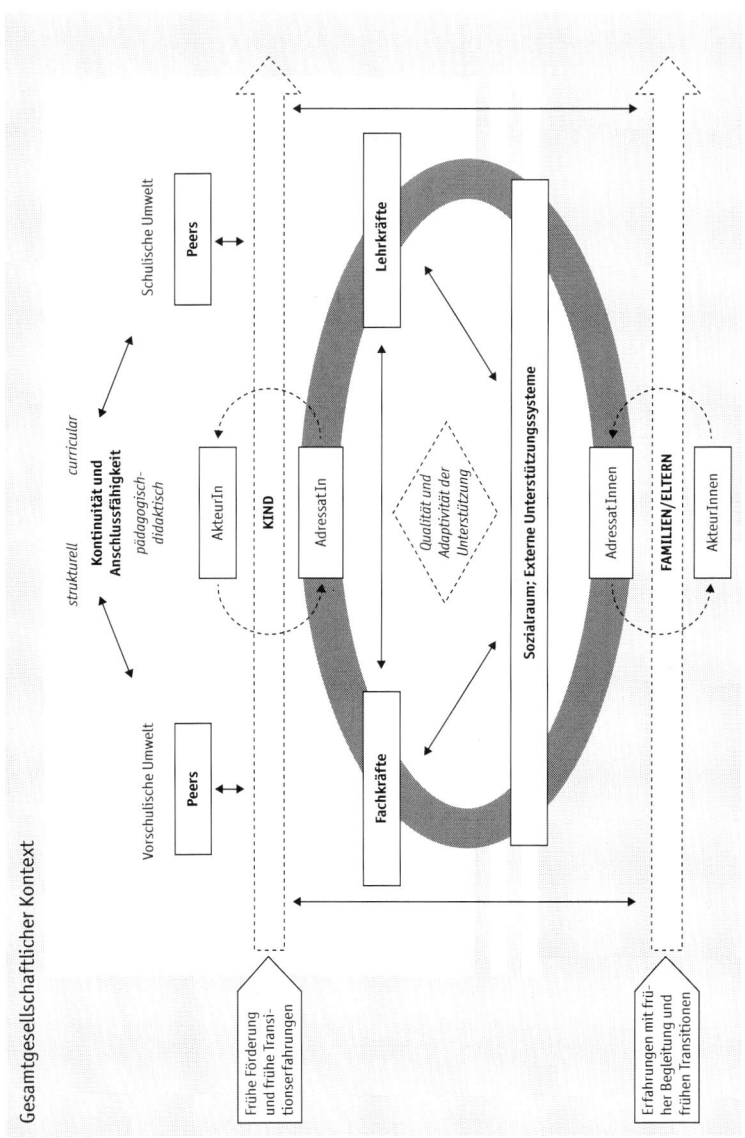

Abb. 1: Das generische Modell der inklusiven Transition in die Schule (Then & Pohlmann-Rother, 2023b)

Daher ist das Modell als generisches Modell angelegt und kann in unterschiedlichem Grad spezifiziert werden.

In Orientierung an Bronfenbrenner (1979) basiert das Modell auf der Annahme, dass für das Übergangsgeschehen mehrere ineinander verschränkte Ebenen zentral sind:

1. Die *Individualebene*, welche an die Mikrosystemebene angelehnt ist;
2. die *Prozessebene*, welche sich aus der Mesosystemebene ableitet;
3. die *gesamtgesellschaftliche Ebene*, welche die Ebene des Makrosystems widerspiegelt.

Während die gesamtgesellschaftliche Ebene den Rahmen bildet, innerhalb dessen der Schuleintritt stattfindet und die beteiligten Akteurinnen und Akteure gewisse Entscheidungsfreiheiten besitzen (z. B. Wahl des Einschulungszeitpunkts sowie des schulischen Lernorts), beeinflussen die Individual- und Prozessebene den Verlauf des Übergangsprozesses unmittelbar. Im Folgenden werden die Individual- und Prozessebene als Kernelemente des Modells näher erläutert.

6.1 Individualebene des Modells

Auf *Individualebene* sind alle Personen verortet, die im Übergang aktiv einbezogen werden (Albers & Lichtblau, 2014; Rimm-Kaufman & Pianta, 2000). Im Zentrum des Transitionsprozesses steht a) das *Kind* mit seinen individuellen Bedürfnissen. Die Rolle des Kindes ist hierbei komplex: Zum einen ist es handelnder Akteur bzw. handelnde Akteurin, die den Verlauf des Übergangs aktiv mitbestimmt. Zum anderen ist es Adressat bzw. Adressatin von Unterstützungsmaßnahmen, welche die Übergangsbewältigung moderieren.

Auch die b) *Eltern* des Kindes spielen in der Transition eine Doppelrolle, da sie ebenfalls im Übergang aktiv tätig sind (vor allem um die Übergangsbewältigung ihres Kindes zu unterstützen), zugleich aber selbst einen Übergang – von Eltern eines Kindergartenkindes zu Eltern eines Schulkindes – erleben (Griebel & Niesel, 2004). Eltern bedürfen im Übergang daher gleichsam spezifischer Begleitung und Unterstützung.

Die c) *Peers* des Kindes in Kindergarten und Schule sind für den Verlauf des Schuleintritts ebenfalls relevant (Rimm-Kaufman & Pianta, 2000). So können die Peers Einfluss darauf nehmen, welche Bedürfnisse das Kind (im Übergang) entwickelt. Zudem besteht die Möglichkeit, dass die Peers das Kind im Übergang unterstützen oder aber die Übergangsbewältigung des Kindes (z. B. durch exkludierende Verhaltensweisen) erschweren. Gleichzeitig kann das Kind seinerseits die Bedürfnisse der Peers beeinflussen (beispielsweise, wenn die Peers durch die gemeinsame Betreuung mit einem Kind mit Beeinträchtigungen Bedarf an Sensibilität im Umgang mit dem Kind entwickeln).

Die d) *Fach- und Lehrkräfte* sind im Übergang mit verschiedenen Anforderungen konfrontiert. Zum einen ist es Aufgabe der Fach- und Lehrkräfte, die Kinder und Eltern individuell im Kindergarten- und Schulalltag sowie im Kontext des Übergangs zu unterstützen. Zum anderen gehört es zu den Aufgaben der Fach- und Lehrkräfte, zur Unterstützung und Förderung der Bildungsprozesse des Kindes Kooperationsbeziehungen aufzubauen (▶ Kap. 10.2). Dabei können die Fach- und Lehrkräfte die Interaktion mit den übrigen Akteurinnen und Akteuren im Übergang zur Weiterentwicklung ihrer eigenen pädagogischen Professionalität nutzen.

Schließlich spielen auch e) *externe Unterstützungssysteme* eine bedeutende Rolle im Transitionsprozess (Albers & Lichtblau, 2014). Inwieweit externe Unterstützungssysteme zur Verfügung stehen, hängt vom gesamtgesellschaftlichen Kontext (z. B. der finanziellen Ressourcenzuweisung auf bildungspolitischer Ebene) ab. Welche Personen und Institutionen im Einzelfall zu den externen Unterstützungssystemen gehören, kann variieren und ist grundsätzlich von den Bedürfnissen des Kindes (und gegebenenfalls der Eltern) abhängig. Möglich wären etwa Psychologinnen und Psychologen, Therapeutinnen und Therapeuten oder Mitarbeiterinnen und Mitarbeiter sonderpädagogischer oder sozialpädagogischer Dienste. Die Aufgaben der externen Unterstützungssysteme betreffen die Unterstützung der Eltern, die Förderung des Kindes und die fachliche Begleitung und Unterstützung der Fach- und Lehrkräfte. Dabei ist der Angebot-Nutzungs-Charakter der externen Unterstützung zu beachten: Die Ressourcen zur externen Unterstützung können auf Bildungssystemebene lediglich bereitgestellt werden. Aktiv für das Kind genutzt werden müssen sie jedoch von den zuständigen Fach- und Lehrkräften sowie von den Eltern. Neben den externen Unterstützungssystemen kann auch der Sozialraum relevant sein, wie die Nachbarschaft der Eltern, die die elterliche Übergangsentscheidung (z. B. für oder gegen einen Förderschulbesuch ihres Kindes) beeinflussen kann.

6.2 Prozessebene des Modells

Auf *Prozessebene* werden die Prozesse beschrieben, die den erfolgreichen Verlauf des Übergangs moderieren.

Bedeutsam ist zum einen a) die *adaptive Begleitung und Unterstützung des Kindes*. Dabei stehen die Förderung des Kindes beim Aufbau von Ressourcen zur Übergangsbewältigung (▶ Kap. 5.3) sowie Unterstützungsmaßnahmen für eine positive Wahrnehmung und Bewertung des Übergangs im Vordergrund (▶ Kap. 5.4). Eine wirksame Begleitung und Unterstützung erfolgt grundsätzlich nicht isoliert (Garber et al., 2023) – d.h., nicht ausschließlich in unmittelbarer zeitlicher Nähe zum ›sichtbaren‹ Übergang –, sondern prozessbegleitend vor und nach der eigentlichen Transitionsphase, im Kontext von Förder- und Unterstützungsmaßnahmen im Elementar- bzw. Primarbereich. Auf diese Weise können die kindliche Resilienz (▶ Kap. 8.1) und damit die Kompetenzen zur Übergangsbewältigung gestärkt werden. Gleichzeitig kann die Förderung des Kindes im

Primarbereich die kindlichen Anpassungsprozesse in der Schule moderieren, die wiederum zu einem erfolgreichen Verlauf des Übergangs beitragen können (z. B. Beelmann, 2006; Faust, Kratzmann & Wehner, 2012).

Neben der Unterstützung des Kindes sind auch b) die *Interaktionen zwischen den Kindern und ihren Peers* (Müller, 2015) sowie die Interaktionen zwischen den übrigen Akteurinnen und Akteuren relevant (Rimm-Kaufman & Pianta, 2000). Zu den Prozessen, welche den Verlauf des Übergangs beeinflussen, gehören daher c) die *Unterstützung und der Einbezug der Eltern ins Übergangsgeschehen* (▶ Kap. 9) ebenso wie d) die *multiprofessionelle Kooperation* der Fachkräfte, Lehrkräfte und externen Unterstützungssysteme (▶ Kap. 10.2). Auch die e) *Abstimmung zwischen Elementar- und Primarbereich auf institutioneller Ebene* spielt eine tragende Rolle für die Übergangsgestaltung, da damit die Anschlussfähigkeit der Bildungsbereiche gewährleistet wird und in der Folge die Voraussetzungen geschaffen werden, um die Anschlussfähigkeit der Entwicklungsprozesse (▶ Kap. 1) sicherzustellen. Dabei kann die Abstimmung curriculare (z. B. bildungsstufenübergreifende Bildungspläne), strukturelle (z. B. Initiativen zur Neugestaltung der Schuleingangsphase) und pädagogisch-didaktische Abstimmungsprozesse umfassen (Pohlmann-Rother & Jung, 2019). Ziel ist es, eine Kontinuität der Entwicklungsverläufe sicherzustellen, wobei auf das individuell entwicklungsförderlichste Verhältnis zwischen strukturellen Kontinuitäten und Diskontinuitäten (z. B. in den vorschulischen und schulischen Lernmodi) für das einzelne Kind zu achten ist (▶ Kap. 1).

7 Zusammenfassung – Reflexionsaufgaben – Weiterführende Literatur

Der Übergang in die Grundschule lässt sich mithilfe verschiedener theoretischer Ansätze beschreiben. *Bildungsökonomische Modelle* und die *allgemeine Übergangsforschung* bieten Anknüpfungspunkte für die theoretische Annäherung, sind für sich genommen aber nicht ausreichend differenziert, um den Schuleintritt adäquat darzustellen. Sinnvolle Ergänzungen liefern die *Stresstheorie* und die *Theorie der kritischen Lebensereignisse*, die genutzt werden können, um die individuellen Ressourcen und das subjektive Empfinden der Akteurinnen und Akteure im Übergang zu betrachten. *Ökosystemische Modelle* öffnen den Blick auf die Kontexte, die für den Verlauf des Übergangs relevant sind. Vor allem für die Rahmung des Übergangsprozesses besitzen sie daher Bedeutung. Der *Transitionsansatz* verbindet unterschiedliche theoretische Diskurslinien und schafft eine fundierte Folie zur Systematisierung bildungsbiografischer Übergänge. Aus grundschulpädagogischer Sicht bietet die mangelnde Spezifität des Ansatzes aber Anlass für Kritik.

Aufgaben:

1) Erstellen Sie ein Schaubild, in dem Sie die verschiedenen Bezugstheorien des Übergangs gegenüberstellen. Gehen Sie dabei besonders darauf ein, welchen Beitrag die einzelnen Ansätze zur theoretischen Fundierung des Schuleintritts leisten können.

Das *generische Modell der inklusiven Transition in die Schule* verknüpft Aussagen übergangsrelevanter Rahmentheorien, die Spezifika des

Schuleintritts und die Grundannahmen des Inklusionsgedankens in einem zusammenhängenden Konzept. Dabei werden die Akteurinnen und Akteure, Prozesse und gesellschaftlichen Bedingungen berücksichtigt, welche am inklusiven Übergang in die Schule beteiligt sind. Damit wird ein theoretisches Modell angeboten, welches zur Konzeptualisierung des inklusiven Schuleintritts einen Beitrag leisten kann.

2) Stellen Sie Potenziale und Grenzen des generischen Modells der inklusiven Transition in die Schule dar. Führen Sie aus, ob bzw. inwieweit das Modell der inklusiven Transition in die Schule eine Hilfestellung für die pädagogische Gestaltung des Schuleintritts für Kinder mit Beeinträchtigungen liefern kann.

Weiterführende Literatur

Faust, G. (2013). Forschungsstand zur Einschulung und Beitrag der BiKS-Einschulungsuntersuchungen. In G. Faust (Hrsg.), *Einschulung. Ergebnisse aus der Studie »Bildungsprozesse, Kompetenzentwicklung und Selektionsentscheidungen im Vorschul- und Schulalter (BiKS)«* (S. 9–31). Münster: Waxmann.

Griebel, W. (2011). Allgemeine Übergangstheorien und Transitionsansätze. In S. Oehlmann, Y. Manning-Chlechowitz & M. Sitter (Hrsg.), *Frühpädagogische Übergangsforschung. Von der Kindertageseinrichtung in die Grundschule* (S. 35–48). Weinheim & München: Juventa.

III Akteurinnen und Akteure beim Übergang in die Grundschule

8 Kinder als Adressaten und Akteure beim Übergang

Das Kind nimmt im Übergang eine zentrale Stellung ein. Einerseits ist es handelnder Akteur bzw. handelnde Akteurin, der bzw. die den Übergang bewältigt, andererseits Adressat bzw. Adressatin von Unterstützungsmaßnahmen, welche die Übergangsbewältigung begleiten (▶ Kap. 6). Um die relevanten Aspekte der kindlichen Übergangsbewältigung zu beschreiben, sind grundsätzlich zwei Perspektiven möglich (Mackowiak, 2011): Zum einen kann das Kind selbst in den Blick genommen und die Rolle des Kindes im Übergang betrachtet werden. Zum anderen ist es möglich, die Umwelt zu fokussieren, d. h. die (äußere) Gestaltung des Übergangs.

Im Folgenden werden aus einer kindzentrierten Perspektive zunächst Bedingungen und Kompetenzen thematisiert, die das Kind bei der Bewältigung des Übergangs und der damit verbundenen Entwicklungsaufgaben unterstützen können (▶ Kap. 8.1). Anschließend wird gefragt, welche Aufgaben sich für das Kind beim Übergang stellen (▶ Kap. 8.2). Wie Kinder den Übergang in die Grundschule nach Aussage empirischer Forschungsbefunde faktisch bewältigen, wird abschließend erörtert (▶ Kap. 8.3).

8.1 Schutzfaktoren für das Kind beim Übergang

8.1.1 Das Resilienzkonzept

Um kindbezogene Faktoren zu identifizieren, welche die Bewältigung des Schuleintritts beeinflussen, bietet das Resilienzkonzept einen geeigneten Theorierahmen. Resilienz meint nach Wustmann Seiler (2021, S. 18) »eine psychische Widerstandsfähigkeit von Kindern gegenüber biologischen, psychologischen und psychosozialen Entwicklungsrisiken.« Sie ist keine angeborene Persönlichkeitseigenschaft, sondern eine Kompetenz, die sich in der Interaktion einer Person mit ihrer Umwelt ausbildet (Mackowiak, 2011). Im Mittelpunkt stehen der Erwerb und die Entwicklung individueller Fähigkeiten, die dazu beitragen, altersspezifische Entwicklungsaufgaben angemessen zu bewältigen (Wustmann Seiler, 2021).

Zur Differenzierung relevanter Einflussfaktoren auf die Übergangsbewältigung kann auf das Risikofaktorenkonzept und das Schutzfaktorenkonzept zurückgegriffen werden. Im Risikofaktorenkonzept werden Merkmale und Bedingungen unterschieden, welche ein potenzielles Risiko für die Entwicklung einer Person darstellen. Bezogen auf den Schuleintritt sind dies Aspekte, welche die Übergangsbewältigung erschweren. Im Schutzfaktorenkonzept stehen Merkmale und Bedingungen im Fokus, welche die Entwicklung der Person und damit die Bewältigung der Situation (z. B. des Schuleintritts) positiv beeinflussen können. Diese ›protektiven Faktoren‹ tragen dazu bei, dass Kinder beim Schuleintritt Fortschritte in ihrer Entwicklung erleben. Sowohl Risiko- als auch Schutzfaktoren können individueller (z. B. Persönlichkeitsmerkmale oder Fähigkeiten) und sozialer Natur sein (z. B. die Stabilität der Eltern-Kind-Beziehung) (Fröhlich-Gildhoff & Rönnau-Böse, 2019; Wustmann Seiler, 2021).

Welche Faktoren für die Bewältigung des Schuleintritts bedeutsam sind, wird im nächsten Kapitel beleuchtet. Aus einer ressourcenorientierten Sicht liegt der Schwerpunkt dabei auf Faktoren, welche eine positive (akademische und/oder sozio-emotionale) Entwicklung des Kindes unterstützen. Auf Schutzfaktoren für Kinder mit Beeinträchtigungen liegt ebenfalls ein Augenmerk. Wenngleich die folgende Auflistung eine Auswahl bedeutsamer bzw. als bedeutsam diskutierter Faktoren darstellt, ist sie nicht als abschließend anzusehen.

8.1.2 Individuelle, soziale und institutionelle Schutzfaktoren für das Kind beim Übergang

Schutzfaktoren für das Kind können sowohl *individuelle* als auch *soziale bzw. institutionelle* Ressourcen umfassen (Fröhlich-Gildhoff & Rönnau-Böse, 2019). *Individuelle Schutzfaktoren* sind Persönlichkeitsmerkmale, Fähigkeiten und Dispositionen des Kindes, welche die Entwicklung des Kindes im Übergang unterstützen. *Soziale bzw. institutionelle Schutzfaktoren* sind Rahmenbedingungen und Gestaltungsmerkmale des Übergangs, welche einen erfolgreichen Verlauf des Übergangs moderieren.

Individuelle Schutzfaktoren

Individuelle Schutzfaktoren umfassen a) *kognitive Fähigkeiten* des Kindes, wobei zwischen *allgemeinen* und *spezifischen* kognitiven Fähigkeiten unterschieden werden kann. Darüber hinaus wird b) *sozio-emotionalen und sozio-kognitiven Kompetenzen,* c) *personalen und motivationalen Kompetenzen* sowie d) *motorischen Kompetenzen* für die Bewältigung des Übergangs Bedeutung zugeschrieben. Im Folgenden werden diese Kompetenzbereiche näher betrachtet. Anschließend wird ein Augenmerk auf individuelle Schutzfaktoren für Kinder mit Beeinträchtigungen gelegt.

a) *Schutzfaktoren im kognitiven Bereich*
   Im kognitiven Bereich zählen sowohl allgemeine als auch spezifische Kompetenzen zu den Schutzfaktoren im Übergang. *Allge-*

meine kognitive Fähigkeiten sind nicht bereichspezifisch, d. h. nicht auf einzelne Fähigkeitsbereiche bezogen. Ein vielbeachtetes allgemeines kognitives Merkmal ist die Intelligenz des Kindes. Deren Bedeutung als Schutzfaktor der Übergangsbewältigung wird theoretisch angenommen (Eckerth & Hanke, 2015; Grotz, 2005), konnte empirisch aber nicht eindeutig nachgewiesen werden (Krajewski, Schneider & Nieding, 2008). Ein anderes allgemeines kognitives Merkmal ist das Arbeitsgedächtnis des Kindes. Dieses besitzt insofern Bedeutung für die Übergangsbewältigung, als dass es Einfluss auf die Entwicklung der – für die Übergangsbewältigung relevanten – spezifischen kognitiven Fähigkeiten nimmt. So ist das Arbeitsgedächtnis für die Ausprägung der Vorläuferfertigkeiten bedeutsam (ebd.). Dagegen haben die exekutiven Funktionen (d. h. kognitive Prozesse, welche das Verhalten und die Aufmerksamkeit steuern) sowohl indirekt als auch direkt Einfluss auf die Entwicklung des Kindes im Kontext des Schuleintritts: Zusammenhänge zwischen den exekutiven Funktionen und den spezifischen kognitiven Fähigkeiten des Kindes sind ebenso belegt (Shaul & Schwartz, 2014) wie Zusammenhänge zwischen exekutiven Funktionen und der akademischen (Willoughby, Magnus, Vernon-Feagans, Blair & Family Life Project Investigators, 2017) sowie sozio-emotionalen Entwicklung von Kindern im Vorschulalter (Martarelli, Feurer, Dapp & Roebers, 2018).

(Bereichs-)Spezifische kognitive Fähigkeiten spielen für das Kind im Übergang eine bedeutende Rolle. Hierunter fallen die kindlichen Vorläuferfertigkeiten, d. h. Kompetenzen, welche für die Entwicklung des Kindes in einzelnen Leistungsbereichen prädiktiv sind. Für die Entwicklung sprachbezogener Kompetenzen ist z. B. die phonologische Bewusstheit zentral (Pfost, 2015). Die Entwicklung im mathematischen Bereich wird u. a. von der Zahlenkenntnis beeinflusst (Duncan et al., 2007). Auch Mengen-Zahl-Kompetenzen, d. h. die Fähigkeit eines Kindes, Mengen und Zahlen zu verknüpfen und Mengenbeziehungen in Zahlen auszudrücken, sind für die mathematische Entwicklung wichtig (Krajewski et al., 2008).

b) *Schutzfaktoren im sozio-emotionalen und sozio-kognitiven Bereich*
Neben kognitiven Fähigkeiten sind sozio-emotionale und sozio-kognitive Kompetenzen eines Kindes potenzielle Schutzfaktoren und werden in ihrer Bedeutung für die kindliche Entwicklung diskutiert.
Die Befundlage zur Rolle *sozio-emotionaler Kompetenzen* (z. B. Sozialverhalten oder Selbstkontrolle) für die kindliche Entwicklung ist inkonsistent. Zum Teil verweisen vorliegende Studien darauf, dass sozio-emotionale Kompetenzen für die akademische Entwicklung sowie die Motivation und Einstellungen zum Lernen bei Vorschulkindern bedeutsam sind (Ziv, 2013). Zum Teil werden vergleichbare Zusammenhänge nicht nachgewiesen (Duncan et al., 2007). Gleichzeitig ist es denkbar, dass sozio-emotionale Kompetenzen mittelbar Einfluss auf die Bewältigung des Übergangs nehmen. Beispielsweise kann die Fähigkeit zur Emotionsregulation die Peer-Beziehungen eines Kindes beeinflussen (Eckerth & Hanke, 2015), welche wiederum für die Übergangsbewältigung relevant sind.
Dass *sozio-kognitive Kompetenzen* (d. h. Fähigkeiten, die ein Kind benötigt, um soziale Interaktionen kognitiv nachzuvollziehen und zu verarbeiten) für die kindliche Entwicklung in verschiedenen Domänen bedeutsam sind, legen vorliegende Forschungsarbeiten nahe. So ist etwa die soziale Informationsverarbeitung für die akademische Entwicklung eines Kindes und dessen Einstellungen zum Lernen relevant (Ziv, 2013).

c) *Schutzfaktoren im personalen und motivationalen Bereich*
Den *personalen Kompetenzen* eines Kindes wird ebenfalls Bedeutung für die Übergangsbewältigung zugeschrieben. Neben dem Selbstwertgefühl und Selbstwirksamkeitserwartungen gilt vor allem das Selbstkonzept (d. h. das Bild des Kindes von sich und seinen Fähigkeiten) als einflussreich. Tatsächlich zeigen Forschungsbefunde, dass das Selbstkonzept für die Ausprägung der kindlichen Vorläuferfertigkeiten in der Schuleingangsphase relevant ist (Cimeli, Neuenschwander, Röthlisberger & Roebers, 2013). Auch zwischen dem Selbstkonzept und den tatsächlichen schulischen

Leistungen im mathematischen und schriftsprachlichen Bereich besteht im Verlauf des Schuleintritts ein (wenn auch eher geringer) Zusammenhang (Eckerth, Hein & Hanke, 2011).
Weitere individuelle Schutzfaktoren sind *motivationale und volitionale Kompetenzen*, wozu u.a. die Ausdauer (Mokrova, O'Brien, Calkins, Leerkes & Marcovitch, 2013) und Aufmerksamkeit eines Kindes zählen (Pagani, Fitzpatrick, Archambault & Janosz, 2010).

d) *Schutzfaktoren im motorischen Bereich*
Motorischen Kompetenzen wird für die Entwicklung des Kindes beim Schuleintritt ebenfalls Bedeutung beigemessen. Im Forschungsstand zeigt sich der Einfluss motorischer Kompetenzen jedoch nicht durchgehend (Mariano et al., 2019). Wenn Zusammenhänge zwischen motorischen Kompetenzen und der kindlichen Entwicklung nachgewiesen werden, dann häufig zwischen der Feinmotorik und der akademischen Entwicklung des Kindes (Grissmer, Grimm, Aiyer, Murrah & Steele, 2010).

Individuelle Schutzfaktoren bei Kindern mit Beeinträchtigungen

Für Kinder mit Beeinträchtigungen hängt die erfolgreiche Übergangsbewältigung grundsätzlich mit den gleichen individuellen Schutzfaktoren zusammen wie für Kinder ohne Beeinträchtigungen. Beispielsweise ist die Bedeutung sprachbezogener Vorläuferfertigkeiten auch für Kinder mit Sprachbeeinträchtigungen belegt (Pentimonti, Murphy, Justice, Logan & Kaderavek, 2016). Dagegen unterscheidet sich die *Ausprägung* der individuellen Schutzfaktoren zwischen Kindern mit und ohne Beeinträchtigungen. So deuten Forschungsergebnisse an, dass Kinder mit kognitiven Beeinträchtigungen beim Schuleintritt im Mittel über geringere sozio-emotionale Kompetenzen als ihre Peers ohne Beeinträchtigungen verfügen (McIntyre, Blacher & Baker, 2006). Ein anderes Beispiel sind Kinder mit frühen Sprachbeeinträchtigungen, die durchschnittlich geringere sozio-emotionale und schulbezogene (z.B. mathematische) Kompetenzen aufweisen (Justice, Bowles, Turnbull & Skibbe, 2009). Trotz individueller und förderartspezifischer Unterschiede ergibt sich für

Kinder mit Beeinträchtigungen daraus ein tendenziell höheres Risiko, den Schuleintritt als problematisch zu erleben (Jiang, Justice, Purtell, Lin & Logan, 2021). Gleichzeitig verweisen Forschungsbefunde darauf, dass frühe Fördermaßnahmen Kinder mit Beeinträchtigungen dabei unterstützen können, individuelle Schutzfaktoren wie z. B. schulbezogene Kompetenzen (z. B. rezeptiven Wortschatz) aufzubauen (Jeon et al., 2011). Somit kommt den sozialen bzw. institutionellen Schutzfaktoren, zu denen Fördermaßnahmen zählen, für Kinder mit Beeinträchtigungen besondere Bedeutung zu.

Soziale und institutionelle Schutzfaktoren

Soziale bzw. institutionelle Schutzfaktoren sind für die Bewältigung des Übergangs ebenfalls von Bedeutung. In Anknüpfung an das generische Modell der inklusiven Transition (▶ Kap. 6) lassen sich soziale bzw. institutionelle Schutzfaktoren beim Schuleintritt entlang der fünf moderierenden Prozesse beschreiben, welche für den erfolgreichen Verlauf des Übergangs maßgebend sind.

Ein bedeutender sozialer bzw. institutioneller Schutzfaktor ist a) die *adaptive Unterstützung des Kindes*. Neben der Unterstützung durch die Pädagoginnen und Pädagogen stellt die Unterstützung durch die Eltern bzw. Familie des Kindes eine Ressource für die Übergangsbewältigung dar. Dabei sind aktive Formen der Unterstützung ebenso relevant wie die Qualität und Stabilität der Beziehungen, welche der Unterstützung zugrunde liegen – etwa der Beziehung zwischen dem Kind und seinen Eltern (Grotz, 2005). Auch Merkmale der Eltern, wie Bildungsniveau oder sozialer Status der Familie, können für die bildungsstufenübergreifende Entwicklung des Kindes bedeutsam sein. Ein niedriger sozioökonomischer Status der Eltern während des Kindergartenbesuchs kann beispielsweise mit geringeren Kompetenzen des Kindes in der späteren Schullaufbahn einhergehen (Mariano et al., 2019).

b) Die *Beziehungen und Interaktionen zwischen dem Kind und seinen Peers* spielen für die Entwicklung des Kindes im Übergang ebenfalls eine bedeutende Rolle. Kinder, die den Schuleintritt gemeinsam mit vertrauten anderen Kindern erleben, haben eine positivere Einstellung zum Lernen und sind besser in ihre Klasse eingebunden als Kinder, die mit wenigen oder ohne vertraute Peers in die Schule eintreten (Müller, 2015).

c) Die *multiprofessionelle Kooperation* der Pädagoginnen, Pädagogen und externen Professionellen sowie d) der *Einbezug und die Unterstützung der Eltern* sind für die kindliche Übergangsbewältigung ebenfalls von Bedeutung. Hier geht es darum, Kooperationsnetzwerke zu schaffen und durch die ko-konstruktive Zusammenarbeit der Akteurinnen und Akteure zu einem gelingenden Übergang beizutragen.

Schließlich ist auch e) *die pädagogisch-didaktische Abstimmung der Institutionen* relevant, um Kindern die Übergangsbewältigung zu erleichtern. Eine Möglichkeit stellt beispielsweise die Einrichtung jahrgangsgemischter Klassen am Schulanfang dar, welche der jahrgangsgemischten Betreuung im Elementarbereich Rechnung trägt (Lassek, 2022). Insgesamt gilt hier zu beachten, dass die pädagogisch-didaktische Abstimmung der Institutionen nicht auf eine vollständige Nivellierung der Unterschiede zwischen den Bildungsbereichen abzielt. Vielmehr ist von Bedeutung, eine tragfähige Balance zwischen sich Gleichendem (Kontinuitäten) und Unterschiedlichem (Diskontinuitäten) von Kindergarten und Grundschule herzustellen (▶ Kap. 1) – wozu eine Abstimmung zwischen Elementar- und Primarbereich beitragen kann.

Schutzfaktoren auf sozialer bzw. institutioneller Ebene bei Kindern mit Beeinträchtigungen

Auch auf sozialer bzw. institutioneller Ebene sind für Kinder mit und ohne Beeinträchtigungen die grundsätzlich gleichen Schutzfaktoren relevant. Unterschiede bestehen wieder vor allem in deren *Ausprägung*: Kinder mit Beeinträchtigungen haben – abhängig von ihren individuellen Voraussetzungen und der Art ihrer Beeinträchtigung – einen tendenziell höheren Unterstützungsbedarf im Übergang (vgl. oben). Sie benötigen daher eine tendenziell intensivere Unterstützung, wodurch beispielsweise eine engere Abstimmung zwischen den Bildungseinrichtungen und dem Elternhaus notwendig wird.

Des Weiteren kommt dem Einbezug externer Unterstützungssysteme für den Schuleintritt von Kindern mit Beeinträchtigungen besondere Bedeutung zu (Albers & Lichtblau, 2014). Dies wirkt sich auch auf die Prozessebene aus, z. b. auf die multiprofessionelle Kooperation, in deren Rahmen mehr Professionen eingebunden werden und intensivere Zusammenarbeit stattfinden muss, wenn Kinder mit Beeinträchtigungen beim Übergang begleitet werden. Zugleich kann der Wechsel zwischen vorschulischen und schulischen Unterstützungssystemen für die Kinder eine Herausforderung darstellen (Daley, Munk & Carlson, 2011). Um die Kinder im Übergang adäquat unterstützen und das individuell entwicklungsförderlichste Verhältnis von Kontinuitäten und Diskontinuitäten herstellen zu können (▶ Kap. 1), ist die adaptive und passgenaue Begleitung der Kinder im Übergang daher umso bedeutender. Die Prozessebene genauer in den Blick zu nehmen, um diesbezüglich differenziertere Aussagen zu treffen, stellt derzeit jedoch ein Forschungsdesiderat dar (Then & Pohlmann-Rother, 2023b).

8.2 Entwicklungsaufgaben für das Kind beim Übergang

Das Konzept der Entwicklungsaufgaben geht auf Havighurst (1982) zurück und wurde von Griebel und Niesel (2004, 2020) auf frühkindliche und frühe schulische Übergänge bezogen. Entwicklungsaufgaben sind Herausforderungen, deren Bewältigung einer Person Entwicklungsfortschritte ermöglichen. Mit Blick auf den Übergang in die Grundschule sind hierunter Anpassungsleistungen gefasst, welche Eltern und Kinder für den erfolgreichen Schuleintritt erbringen. In diesem Kapitel werden Entwicklungsaufgaben vorgestellt, die das

Kind beim Schuleintritt auf individueller, interaktionaler und kontextueller Ebene zu bewältigen hat (Griebel & Niesel, 2020).

Entwicklungsaufgaben auf *individueller Ebene* betreffen das Erleben und die Kompetenzen des Kindes. Wenn Kinder beim Schuleintritt vom Kindergarten- zum Schulkind werden, müssen sie beispielsweise mit einem Wandel ihrer Identität umgehen. Dies ist eng mit der Entwicklung ihres Selbstkonzepts verbunden (Eckerth & Hanke, 2015). Vor allem das fähigkeitsbezogene Selbstkonzept ist an dieser Stelle bedeutsam. Der angemessene Umgang mit Emotionen in Bezug auf den Übergang (z. B. Neugier, Vorfreude, Ungewissheit, Bedrohung) stellt eine weitere Aufgabe für das Kind dar. Da Kinder Bewältigungsstrategien aus der Vorschulzeit nicht zwangsläufig zur Emotionsregulation im Übergang nutzen (Wong, 2015), ist eine Begleitung und Unterstützung der Kinder dabei wichtig. Eine andere Entwicklungsaufgabe, die sich Kindern beim Schuleintritt auf individueller Ebene stellt, ist der Erwerb und die Ausdifferenzierung schulnaher Kompetenzen, z. B. der Kulturtechniken (Dockett & Perry, 2004). Darüber hinaus wird dem Ausbau allgemeiner Basiskompetenzen, z. B. Selbstkontrolle oder Frustrationstoleranz (Correia & Marques-Pinto, 2016), eine hohe Bedeutung zugeschrieben. Schließlich stehen die Kinder auch vor der Herausforderung, ein Zugehörigkeitsgefühl zur neuen sozialen Bezugsgruppe, der Schulklasse, zu entwickeln. Das Gefühl sozialer Eingebundenheit (Deci & Ryan, 1993) wiederum kann als Ressource zur Übergangsbewältigung dienen.

Auf *interaktionaler Ebene* finden sich Entwicklungsaufgaben, die mit der Beziehungsgestaltung des Kindes zusammenhängen. Zum einen müssen sich die Kinder von den Fachkräften im Kindergarten lösen und neue Beziehungen zur Grundschullehrkraft aufbauen. Dabei ändert sich auch die Art der Beziehungen (Eckerth & Hanke, 2015): Das eher emotional geprägte Verhältnis zu den Fachkräften wird durch ein sachorientierteres Verhältnis zur Lehrkraft ersetzt. Zum anderen müssen die Kinder den Verlust alter und den Aufbau neuer Beziehungen zu anderen Kindern (Peers) leisten. Die Peer-Beziehungen sind bedeutsam für den erfolgreichen Verlauf des Übergangs (Stoeck, 2020). Mit dem Rollenzuwachs als Schulkind umzugehen und Rollenunsicherheiten bei unklaren Erwartungen der Lehrkräfte und Eltern zu verarbeiten, gehört für die Kinder ebenfalls zu den Aufgaben auf interaktionaler Ebene.

Entwicklungsaufgaben auf *kontextueller Ebene* betreffen den Umgang mit veränderten Strukturen und institutionellen Rahmenbedingungen. Die Kinder stehen u.a. vor der Herausforderung, die getrennten Lebensbereiche Schule und Familie zu integrieren. Beispielsweise müssen sie die Anforderungen der Schule und des Elternhauses miteinander in Einklang bringen. Hierfür können z.B. Gespräche zwischen den Kindern und ihren Eltern über die Schule hilfreich sein, die allgemein verbreitet sind (Beelmann, 2006). Die Anpassungen an neue Zeitstrukturen und Verbindlichkeiten in der Schule (z.B. verpflichtender Schulbesuch, feste Unterrichtszeiten) müssen ebenso bewältigt werden (Eckerth & Hanke, 2015) wie Unterschiede im Curriculum und im Lernmodus, die zwischen vorschulischen und schulischen Bildungseinrichtungen bestehen. Zudem haben Kinder möglicherweise mit weiteren familialen Übergängen (z.B. Geburt eines Geschwisterkindes) umzugehen. Auch wenn diese den Schuleintritt selbst nicht unmittelbar betreffen, haben sie Auswirkungen auf das Kind in der Übergangsphase.

Entwicklungsaufgaben für Kinder mit Beeinträchtigungen

Kinder mit Beeinträchtigungen haben beim Schuleintritt prinzipiell die gleichen Entwicklungsaufgaben zu bewältigen wie Kinder ohne Beeinträchtigungen. Vereinzelt sind die Aufgaben jedoch komplexer und/oder umfangreicher. Da schulische Inklusion systemische Anpassungen verlangt, um gemeinsame und individuelle Bildungsverläufe von Kindern mit und ohne Beeinträchtigungen zu ermöglichen (Werning, 2014), sind die Entwicklungsaufgaben grundsätzlich als Ausgangspunkte zu sehen, von denen aus Unterstützungsmaßnahmen abgeleitet werden können.

Auf *individueller Ebene* haben Kinder mit Beeinträchtigungen ebenfalls Veränderungen im Erleben und in ihren Kompetenzen zu bewältigen. Zusätzliche Hürden, denen Kinder mit Beeinträchtigungen aufgrund ihrer Beeinträchtigungen im Übergang begegnen, können aber dazu führen, dass sie den Übergang eher als Belastung empfinden (Janus & Siddiqua, 2018). Die Emotionsregulation und die Unterstützung der Kinder bei der Emotionsregulation gewinnen daher einen noch höheren Stellenwert. Besondere Bedeutung kommt auch dem Ausbau der Selbstständigkeit des Kindes als Entwicklungsaufgabe zu, da Selbstständigkeit für die soziale Integration von Kindern mit Beeinträchtigungen in der Schule als relevant angesehen wird (Chadwick & Kemp, 2002). Wie komplex sich die Bewältigung der Entwicklungsaufgaben für die Kinder gestaltet, hängt darüber hinaus von der Art und Schwere der jeweiligen Beeinträchtigungen ab. Während Lern- und Verhaltensbeeinträchtigungen die Entwicklung der Kinder allgemein (d.h. im kognitiven, sozio-emotionalen *und* gesundheitlichen Bereich) negativ beeinflussen, haben körperliche und sensorische Beeinträchtigungen vor allem auf die Entwicklungsbereiche Einfluss, die direkt mit den Beeinträchtigungen zusammenhängen (Janus, 2011). Für Kinder mit schwerwiegenden Beeinträchtigungen gestaltet sich der Übergang zudem generell schwieriger (Carlson et al., 2009).

Auf *interaktionaler Ebene* stellt sich Kindern mit Beeinträchtigungen ebenfalls die Aufgabe, mit Änderungen im Sozialgefüge umzugehen. Neben den Beziehungen zu den Eltern und dem pädagogischen Personal spielt das Verhältnis zu den Mitarbeiterinnen und Mitarbeitern externer Unterstützungssysteme (z.B. Therapeutinnen und Therapeuten, Psychologinnen und Psychologen etc.) eine tragende Rolle: Ändern sich die Unterstützungsstrukturen für das Kind infolge des Übergangs, müssen sich die Kinder aus diesen Beziehungen lösen und Beziehungen zu den Mitarbeiterinnen und Mitarbeitern neuer Unterstützungssysteme aufbauen. Die Bedeutung der Peers beim Schuleintritt von Kindern mit Beeinträchtigungen ist bislang kaum erforscht (Then & Pohlmann-Rother, 2023b). Ausgehend von Befunden zum Schuleintritt von Kindern ohne Beeinträchtigungen ist jedoch anzunehmen, dass der gemeinsame Schuleintritt mit vertrauten anderen Kindern den Verlauf des Übergangs für Kinder mit Beeinträchtigungen positiv beeinflussen kann. Ein gemeinsamer Schuleintritt wiederum ist in einem inklusiven Bildungssystem am ehesten gegeben, wenn die Kinder in die allgemeine Grundschule eingeschult werden.

Die Rolle externer Unterstützungssysteme wirkt sich für Kinder mit Beeinträchtigungen auch auf *kontextueller Ebene* aus. So sind die Kinder gefordert, die neuen Unterstützungssysteme als dritten Lebensbereich neben Schule und Familie zu integrieren. Die Anpassung an veränderte Zeitstrukturen und veränderte Verbindlichkeiten kann Kinder mit Beeinträchtigungen, je nach Förderbedarf (z. B. Autismus), vor besondere Herausforderungen stellen. Dabei stellt sich die Frage nach systemischen Anpassungen umso drängender, da eine Flexibilisierung der Strukturen an dieser Stelle die schulische Anpassung und den Übergang für Kinder mit Beeinträchtigungen (wie auch für alle anderen Kinder) erleichtern kann.

8.3 Übergangsbewältigung des Kindes

Wie Kinder den Übergang in die Grundschule bewältigen, lässt sich auf Grundlage vorliegender Forschungsarbeiten nicht abschließend beantworten. So variiert der Anteil der Kinder mit Anpassungsproblemen beim Schuleintritt zwischen den einzelnen Studien. In der Untersuchung von Grotz (2005) etwa zeigten ca. 10 % der Kinder (Gesamtstichprobe: n=73) massive Anpassungsprobleme in Form sozio-emotionaler Schwierigkeiten beim Schuleintritt. Beelmann (2006) identifizierte auf Basis von Lehrkräfte-, Erzieherinnen- und Erziehersowie Elterneinschätzungen eine Zahl von 4–5 % der Kinder (Gesamtstichprobe: n=180), die beim Übergang verhaltensauffällig waren. Im KiDZ-Projekt hatten ca. 15 % der Kinder (Gesamtstichprobe: n=138) Probleme im Übergang, wohingegen die kognitive und sozio-emotionale Entwicklung der übrigen Kinder beim Schuleintritt positiv verlief (Kluczniok, Anders & Roßbach, 2015). Im Rahmen der FiS-Studie wurde festgestellt, dass 7 % der Vorschulkinder (Gesamtstichprobe: n=ca. 700) dem Schulbesuch eher zurückhaltend statt freudig entgegensahen. Der überwiegende Teil der Kinder äußerte dagegen Vorfreude auf den Schulbesuch (Hanke, Eckerth & Hein, 2020). International bietet sich ein vergleichbares und z.T. noch uneinheitlicheres Bild: Vereinzelt berichten Studien von umfassenden Anpassungsproblemen mit Raten von u.a. 30% der Kinder, die beim Schuleintritt Schwierigkeiten im akademischen und sozialen Bereich zeigen (Jiang et al., 2021). Es existieren aber auch Studien, die nur wenige problematische Übergangsverläufe dokumentieren (Wildenger & McIntyre, 2011).

Die Inkonsistenz des Forschungsstandes ist teilweise auf unterschiedliche Vorgehensweisen und Erhebungsmethoden der einzelnen Studien zurückzuführen (z.B. befragte Personengruppen, Art der Befragung, Einsatz verschiedener Skalen zum Belastungserleben, unterschiedliche Indikatoren, um einen gelungenen Übergang zu operationalisieren). Dennoch lassen sich aus den vorliegenden Befunden einzelne Tendenzen lesen. So zeigt sich, dass der Übergang in die Grundschule für den größeren Teil der Kinder eher unproblematisch verläuft. ›Schuleintrittskrisen‹ sind demnach nicht die Regel. Welche Kinder trotzdem Schwierigkeiten im Übergang erleben, legen Ergebnisse der BiKS-Studie nahe. Im Rahmen dieser Studie wurde festgestellt, dass der Übergang vor allem für Kinder problembehaftet verläuft, die bereits vor dem Übergang Anpassungsprobleme hatten (Faust et al., 2012). Der Schuleintritt kann somit nicht als Initiator neuer, sondern Verstärker bestehender Probleme verstanden werden.

Für *Kinder mit Beeinträchtigungen* ergeben sich daraus bedeutende Implikationen. So ist im Hinblick auf den Schuleintritt nicht nur die Unterstützung der Kinder beim Übergang selbst, sondern auch in dessen weiterem zeitlichen Kontext relevant (vgl. auch ▶ Kap. 6). Dabei ist die Qualität der Unterstützung bzw. Betreuung im Elementarbereich von besonderer Bedeutung und kann sogar dazu beitragen, dass sich Beeinträchtigungen nicht in Form von formal attestierten sonderpädagogischen Förderbedarfen manifestieren: Studien verweisen darauf, dass eine hohe Betreuungsqualität im

Kindergarten das Risiko für die Diagnose eines sonderpädagogischen Förderbedarfs im Schulalter senken kann (Anders, 2013).

9 Eltern als Adressaten und Akteure beim Übergang

Ähnlich wie das Kind nehmen auch die Eltern im Übergang eine Doppelrolle ein (Griebel & Niesel, 2004). Zum einen sind sie Akteurinnen und Akteure, die den Übergang aktiv gestalten und für das Kind moderieren. Zum anderen erleben sie selbst einen Übergang, werden von Eltern eines Kindergarten- zu Eltern eines Schulkinds und sind potenzielle Adressatinnen und Adressaten übergangsbegleitender Unterstützungsmaßnahmen. Entsprechend ist das folgende Kapitel aufgebaut: Zunächst werden die Eltern in ihrer Rolle als Akteurinnen und Akteure im Übergang in den Blick genommen. Im Zentrum steht, wie Eltern die Einschulungsentscheidung für ihr Kind treffen (▶ Kap. 9.1) und das Kind im Übergang unterstützen (▶ Kap. 9.2). Anschließend wird analysiert, wie die Eltern selbst den Übergang erleben, d. h. mit welchen Entwicklungsaufgaben sie konfrontiert sind (▶ Kap. 9.3) und wie sie den Übergang bewältigen (▶ Kap. 9.4).

9.1 Elterliche Bildungsentscheidungen im Kontext der Einschulung

Die Einschulungsentscheidung für das Kind zu treffen, zählt zu den wesentlichen Aufgaben für Eltern beim Schuleintritt. Neben der Entscheidung über den Einschulungszeitpunkt (vorzeitig vs. fristgerecht vs. verspätet) kann auch die Wahl des Schulträgers (öffentlich vs. privat) vor der Einschulung relevant sein. Für Eltern von Kindern mit Beeinträchtigungen stellt sich im Rahmen der geltenden gesetzlichen Bestimmungen in den meisten Bundesländern (▶ Kap. 3.2) zudem die Frage, ihr Kind an einer Grundschule oder einer Förderschule einzuschulen. Um zu erklären, wie Bildungsentscheidungen zustande kommen, die diese Fragen adressieren, ist der Rückgriff auf ein theoretisches Modell notwendig (Faust, 2013). Eine verbreitete theoretische Grundlage bieten hierfür Wert-Erwartungs-Modelle. Ausgehend von deren Grundaussagen (▶ Kap. 9.1.1), wird die elterliche Einschulungsentscheidung im Folgenden genauer in den Blick genommen (▶ Kap. 9.1.2).

9.1.1 Entscheidungsmodelle auf Grundlage der Wert-Erwartungs-Theorie

Um elterliche Bildungsentscheidungen zu systematisieren, sind soziologische und psychologische Wert-Erwartungs-Modelle verbreitet (Maaz, Hausen, McElvany & Baumert, 2006). Demnach hängen Entscheidungen einer Person grundsätzlich von zwei Parametern ab: 1) dem *Wert*, welchen die Person einer Entscheidungsalternative beimisst, und 2) der *Erwartung*, dass die Wahl der Entscheidungsalternative zum erwünschten Erfolg führt (Faust, 2013). Bildungsentscheidungen werden somit als Ergebnis einer rationalen Wahl angesehen. Die Kosten-Nutzen-Bilanz der Handlungsoptionen – d. h., ob in den Augen der Person der Aufwand oder der Ertrag der Handlungen überwiegt – nimmt dabei Einfluss auf die Entscheidung (Boudon, 1974). Unterschiede zwischen soziologischen und psychologischen Wert-Erwartungs-Theorien zeigen sich in deren Akzentuierung: Soziologische Wert-Erwartungs-Modelle (z.B. Esser, 1999) legen einen Schwerpunkt auf die Entstehung sozialer Ungleichheiten (Faust, 2013). Hier sind insbesondere die strukturellen Bedingungen relevant, unter denen die Entscheidungen getroffen werden (z.B. der sozioökonomische Status der Eltern) (Paulus & Blossfeld, 2007). Psychologische Wert-Erwartungs-Modelle (z.B. Eccles, 1983) fokussieren zusätzlich die psychischen Prozesse, welche beim Zustandekommen der Entscheidungen wirksam werden. Bedeutung wird beispielsweise den Motiven, Attributionen und Selbstkonzepten einer Person zugeschrieben, welche in der Entscheidung zum Tragen kommen (Faust, Kluczniok & Pohlmann, 2007).

Nach Annahme der Wert-Erwartungs-Theorien gleichen Eltern bei der Einschulungsentscheidung den Wert, den sie in einer Einschulungsvariante sehen, mit der Erwartung, dass diese Einschulungsvariante zum Erfolg führt, ab. Beispielsweise wägen sie bei der Entscheidung über eine vorzeitige Einschulung deren Wert ab, indem sie monetäre und nicht monetäre Kosten (z. B. mögliche Überforderung des Kindes in der Schule) und Nutzen der vorzeitigen Einschulung kalkulieren (z. B. frühere Förderung des Kindes in der Schule, finanzielle Einsparung durch verkürzten Kindergartenbesuch). Gleichzeitig schätzen sie ab, mit welcher Wahrscheinlichkeit die befürchteten Kosten oder der erhoffte Nutzen tatsächlich eintreten (z. B. ob das Kind durch den früheren Schulbesuch tatsächlich von der früheren Förderung profitiert). Aus dem Abwägungsprozess zwischen beiden Entscheidungsparametern resultiert die Entscheidung. Welche Aspekte im Einzelnen Einfluss darauf nehmen, welchen Wert und welche Erfolgserwartung die Eltern den Entscheidungsalternativen zuschreiben, unterscheidet sich je nach Art der Entscheidung (für vorzeitige Einschulungen vgl. Faust et al., 2007; für verspätete Einschulungen vgl. Wehner, 2015). Auch Merkmale der Person, die die Entscheidung trifft, können eine Rolle spielen (z. B. ein Migrationshintergrund der Eltern, vgl. Kratzmann, 2011).

Wert-Erwartungs-Modelle als theoretische Grundlage heranzuziehen, um das Zustandekommen von Bildungsentscheidungen nachzuzeichnen, wird teilweise aber auch kritisiert. Ein Kritikpunkt besteht z. B. darin, dass in Wert-Erwartungs-Modellen der Einfluss von Zufällen oder Handlungsroutinen auf die Entscheidung vernachlässigt werde. Auch der Einfluss sozialer Kontexte auf die Entscheidung werde nicht angemessen berücksichtigt, da die Entscheidungen als Entscheidungen einzelner Personen modelliert sind (Rabenstein & Gerlach, 2016). Darüber hinaus setzen Bildungsentscheidungen, wie sie Wert-Erwartungs-Modelle beschreiben, eine sehr gute Informiertheit der Entscheidenden voraus (Kratzmann, 2011). Dies ist in der Realität aber häufig nicht gegeben, sodass fundierte Entscheidungen nach dieser Annahme oftmals nicht möglich wären.

Anstatt ausschließlich auf Wert-Erwartungs-Modelle zurückzugreifen, wird zum Teil auch der Einbezug der Biografie eines Individuums gefordert, um die Formation von Bildungsentscheidungen in ihrer Komplexität nachzuvollziehen. Daran anschließend wird u.a. für eine qualitative Rekonstruktion von Bildungsentscheidungen aus einer biografischen Perspektive plädiert (Miethe & Dierckx, 2014).

9.1.2 Optionen zur Einschulungsentscheidung

An der Schnittstelle zwischen Elementar- und Primarbereich sind drei Wahlentscheidungen für Eltern potenziell relevant: die Entscheidung über den *Einschulungszeitpunkt* (fristgerecht vs. nicht-fristgerecht), die Entscheidung über den *Schulträger* (öffentlich vs. privat) und gegebenenfalls die Entscheidung über die *Schulform* (Grund- vs. Förderschule).

Entscheidung über den Einschulungszeitpunkt: fristgerechte vs. nicht-fristgerechte Einschulung

Ausgehend von den gesetzlichen Rahmenvorgaben der Bundesländer (▶ Kap. 3.1), können Eltern ihre Kinder in Deutschland vorzeitig, fristgerecht oder verspätet einschulen. Wie Forschungsbefunde und statistische Daten zeigen, sind von *vorzeitigen Einschulungen* vor allem Mädchen (Autorengruppe Bildungsberichterstattung, 2022) und Kinder aus bildungsnahen Elternhäusern betroffen (Pohlmann-Rother et al., in press). Die Gründe, warum Eltern vorzeitig einschulen, sind hauptsächlich kindbezogen und betreffen z.B. die frühere schulische Förderung des Kindes, die Vermeidung von Langeweile des Kindes im Kindergarten (Kluczniok, 2012) oder den Wunsch und das Interesse des Kindes am Schulbesuch (Pohlmann et al., 2009). Auch wenn das Kind nahe am Stichtag geboren ist, wird eher zu einer vorzeitigen Einschulung tendiert (ebd.). Auf Seiten der Eltern spielt die Informiertheit über den Einschulungsprozess eine tragende Rolle (Faust et al., 2007). Darüber hinaus haben institutionelle Angebote Einfluss auf die Entscheidung zu einer vorzeitigen Einschulung, u. a. die Einschulungsberatung der frühpädagogischen Fachkräfte und Lehrkräfte (Pohlmann et al., 2009). Nachhaltige Effekte vorzeitiger Einschulungen auf die Kompetenzentwicklung der Kinder konnten bislang nicht eindeutig nachgewiesen werden bzw. scheinen zumindest zweifelhaft. Unterschiede zwischen vorzeitig und fristgerecht bzw. verspätet eingeschulten Kindern werden teils nur für die ersten Schuljahre festgestellt (Kratzmann, Faust & Wehner, 2013), teils verschwinden sie bei Kontrolle der kognitiven Grundfertigkeiten (d. h., wenn vorzeitig und fristgerecht bzw. verspätet eingeschulte Kinder verglichen werden, die die gleichen kognitiven Voraussetzungen aufweisen) (Gold, Duzy, Rauch & Murcia, 2012). Auch inwieweit spezifische Phänomene, die mit vorzeitigen Einschulungen in Verbindung gebracht werden, *kausal* auf die frühere Einschulung zurückzuführen sind, scheint fraglich: Zwar sind unter vorzeitig eingeschulten Kindern höhere Klassenwiederholungsraten nachweisbar (Bellenberg, 1999). Dies wird aber mit dem jüngeren Alter der Kinder erklärt, das Lehrkräfte bei Problemen schneller eine Klassenwiederholung in Betracht ziehen lässt (Faust & Roßbach, 2014). Vorzeitig eingeschulte Kinder erhalten zwar häufiger Gymnasialempfehlungen (Seyda, 2009). Allerdings ist hier der höhere Bildungsstand vorzeitig einschulender Eltern zu berücksichtigen, welcher auf die Vergabe von Übergangsempfehlungen Einfluss nimmt.

Verspätet werden vor allem Kinder aus bildungsfernen Elternhäusern (Pohlmann-Rother et al., in press) und Jungen (Autorengruppe Bildungsberichterstattung, 2022) eingeschult. Die Zurückstellungsentscheidung scheint aus Elternsicht dabei häufig als Schutzmechanismus für das Kind verstanden zu werden: Eltern begründen die verspätete Einschulung etwa damit, das Kind vor Problemen mit dem schulischen Lernen bewahren zu wollen (Wehner, 2015). Entsprechend werden Defizite der Kinder im kognitiven, sprachlichen (Liebers, 2011) und sozialen Bereich (Wehner, 2015) als Gründe für die verspätete Einschulung angeführt. Tatsächlich verweisen Forschungsbefunde darauf, dass zurückgestellte Kinder im Schnitt geringere kognitive, soziale und motorische Kompetenzen aufweisen (Greenburg & Winsler, 2020). Gleichzeitig äußern Eltern den Wunsch, dem Kind durch die Zurückstellung bessere Startchancen für die Schullaufbahn zu verschaffen (Liebers, 2011). Institutionelle Aspekte, wie die Einschulungsberatung (Wehner & Kratzmann, 2020), spielen ebenso wie das Alter des Kindes auch eine Rolle (Wehner, 2015). Nachhaltige Effekte verspäteter Einschulungen auf die Kompetenzentwicklung der Kinder lassen sich aus dem Forschungsstand nicht eindeutig lesen (Hong & Yu, 2007; Jaekel, Strauss, Johnson, Gilmore & Wolke, 2015; Kratzmann et al., 2013). Die Klassenwiederholungsraten sind unter verspätet eingeschulten Kindern geringer (Bellenberg, 1999), allerdings spielt auch hier das Alter der Kinder eine entscheidende Rolle (Faust & Roßbach, 2014). Für die sozio-emotionale Entwicklung deuten sich vereinzelt positive Effekte verspäteter Einschulungen an (Hong & Yu, 2008).

Entscheidung über den Schulträger: öffentliche vs. private Grundschule

Eltern steht grundsätzlich die Möglichkeit offen, neben öffentlichen Grundschulen auch staatlich anerkannte Privatschulen als Bildungsort für ihre Kinder zu wählen. Zentrale Entscheidungskriterien für die Privatschulwahl sind nach Mayer (2019) die eigene Biografie der Eltern, Erfahrungen mit ihren älteren Kindern und die eigene Informiertheit. Kritisch wird in diesem Kontext die Gefahr sozialer Segregationsprozesse gesehen. Obwohl der Besuch privater Grundschulen rechtlich prinzipiell allen Kindern offensteht, existieren Mechanismen, welche es den Schulen ermöglichen, zu selektieren und Einfluss auf die eigene Schülerklientel zu nehmen. So steht es Privatschulen beispielsweise frei, spezifische (z.B. konfessionelle) Schulprofile zu wählen, die bestimmte Bevölkerungsgruppen besonders ansprechen oder ausschließen (Krüger, 2020). Auch das Schulwahlverhalten der Eltern fördert die soziale Segregation. Dass der

Anteil an Schülerinnen und Schülern aus sozial privilegierten Schichten an Privatschulen erhöht ist (Stirner, Hoffmann, Mayer & Koinzer, 2019), wird dementsprechend auch auf elterliche Einschulungspräferenzen zurückgeführt. Als Gründe für das elterliche Wahlverhalten werden in diesem Zusammenhang eine als höher wahrgenommene Schulqualität privater Bildungseinrichtungen sowie der Wunsch nach Distinktion, d.h. Abgrenzung gegenüber ausgewählten Bevölkerungsgruppen (z.B. Personen mit Migrationshintergrund), diskutiert (Parade & Heinzel, 2020).

Entscheidung über die Schulform: Grund- vs. Förderschule

Eltern von Kindern mit Beeinträchtigungen bzw. sonderpädagogischem Förderbedarf können ihr Kind im Rahmen der bundeslandspezifischen gesetzlichen Bestimmungen an einer Grundschule oder einer Förderschule einschulen. Forschungsbefunde machen deutlich, dass die Entscheidung über die zu besuchende Schulform dabei von einer großen Unsicherheit der Eltern begleitet wird (Klicpera, 2007; Kron & Papke, 2006). Mit Blick auf die Gründe, eine bestimmte Schulform (nicht) zu wählen, lassen sich auf Grundlage des Forschungsstands unterschiedliche Argumentationsmuster identifizieren:

1) Eltern argumentieren *für den Besuch einer Grundschule*, begründen die Wahl einer Grundschule also mit Vorteilen, die sie im Besuch der Grundschule für ihr Kind sehen. Hierzu gehört beispielsweise die Anregung der Kinder durch Mitschülerinnen und Mitschüler ohne Beeinträchtigungen an der Grundschule (Klicpera, 2005).
2) Eltern argumentieren *gegen den Besuch einer Grundschule* und erst in der Folge für den Besuch einer Förderschule. Die Förderschule wird somit als verbleibende Alternative gewählt, wenn der Grundschulbesuch nicht infrage kommt. Die Begründungslinien sind in beiden Argumentationsmustern ähnlich: Eine (Nicht-)Wahl der Grundschule wird häufig mit einer (Nicht-)Passung von Merkmalen des Kindes und (strukturellen) Merkmalen des Kon-

texts bzw. der Institution begründet. Beispielsweise tendieren Eltern zu einem Grundschulbesuch für ihr Kind, wenn sie Vertrauen in die Fähigkeiten des Kindes verspüren und gleichzeitig einen guten Eindruck von der Grundschullehrkraft haben (Klicpera, 2005). Relevante individuelle Merkmale auf Kindebene sind z. B. das Verhalten des Kindes oder die Beeinträchtigung (Wilder & Lillvist, 2017). Relevante kontextuelle bzw. institutionelle Merkmale sind z. B. die Größe der Grundschulklasse, die Möglichkeit zum Einbezug sonderpädagogisch qualifizierten Personals in den Grundschulalltag (Hirner, 2012), der Personalschlüssel an der Grundschule (Dorrance, 2010), Wohnortnähe der Grundschule (Klicpera, 2005) oder die Kooperation der Pädagoginnen und Pädagogen (Wilder & Lillvist, 2017).

3) Eltern argumentieren *für den Besuch einer Förderschule*, begründen ihre Entscheidung also mit Vorteilen, den sie im Förderschulbesuch für ihr Kind sehen. Dabei werden vor allem günstigere strukturelle Gegebenheiten an der Förderschule als Gründe genannt, z. B. spezifische Unterstützungsmöglichkeiten für das Kind, die an der Förderschule zur Verfügung stehen (Klicpera, 2005).

Die Komplexität der Einschulungsentscheidung zeigt sich u. a. darin, dass sich die Argumentationsmuster teilweise überlappen bzw. Eltern nicht durchgehend auf einzelne Argumentationsmuster zurückgreifen, um ihre Entscheidung zu begründen. Häufig werden mehrere Argumentationsmuster bedient, d. h. Eltern führen z. B. sowohl Argumente gegen einen Grundschulbesuch als auch Argumente für einen Förderschulbesuch an, um eine Förderschulwahl zu begründen.

9.2 Elterliche Unterstützung im Kontext des Übergangs

Neben der Entscheidung über die Einschulung ist die Unterstützung des Kindes eine zweite zentrale Aufgabe, die sich Eltern beim Schuleintritt stellt. Im Folgenden wird als Rahmung dieses Aufgabenbereichs ein theoretisches Modell elterlicher Unterstützung präsentiert (▶ Kap. 9.2.1) und Einblick in den Forschungsstand gegeben, der eine Annäherung an die Bedeutung elterlichen Unterstützungsverhaltens im Übergang erlaubt (▶ Kap. 9.2.2).

9.2.1 Modell elterlicher Unterstützung

Soziale Unterstützung kann als Ressource dienen, um Anforderungen in unterschiedlichen Lebensphasen erfolgreich zu bewältigen. Eines der Konzepte, welche elterliche Unterstützung im schulischen Kontext in den Blick nehmen, ist das Modell der Elternbeteiligung von Grolnick und Slowiaczek (1994). Ausgehend von der Annahme, dass sich die Elternbeteiligung in den Ressourcen zeigt, welche Eltern ihren Kindern zur Verfügung stellen, werden in diesem Modell drei Modi der Elternbeteiligung unterschieden:

1. Die Eltern beteiligen sich *durch ihr Verhalten aktiv* an den Bildungsprozessen sowie an schulischen Angelegenheiten des Kindes und schaffen dadurch Ressourcen für das Kind. Beispielsweise ist denkbar, dass die Eltern an schulischen Aktivitäten teilnehmen und dadurch Informationen über ihr Kind gewinnen, die sie zur adäquateren Unterstützung ihres Kindes befähigen.
2. Die Eltern vermitteln dem Kind, dass sie selbst Freude und Interesse an der Schule und dem schulischen Werdegang ihres Kindes empfinden. Diese *personale Form* der Beteiligung schafft Ressourcen

für das Kind, indem sie dem Kind ein positives Gefühl in Bezug auf die Schule vermittelt.
3. Die Eltern bringen das Kind mit *kognitiv stimulierenden Aktivitäten* in Kontakt, welche den Schulbesuch vorbereiten bzw. flankieren. Es ist beispielsweise denkbar, dass Eltern eine anregende familiäre Lernumgebung schaffen, in der sich das Kind positiv entwickeln kann und die nötigen Kompetenzen erwirbt, um die Anforderungen des Schulbesuchs zu meistern.

Die elterliche Unterstützung beim Schuleintritt des Kindes lässt sich mithilfe des Modells von Grolnick und Slowiazcek (1994) differenziert darstellen. So sind alle drei Modi der Elternbeteiligung bei der Einschulung relevant: Die verhaltensbezogene Beteiligung zeigt sich im aktiven Einbezug der Eltern in übergangsbegleitende Unterstützungsmaßnahmen (z.B. schulvorbereitende Aktivitäten, Kennenlerntage) für das Kind. Die personale Beteiligung besteht darin, dass die Eltern dem Kind während der Vorschulzeit ein positives Bild von Schule vermitteln und einen angstfreien Blick auf den Übergang ermöglichen. Die Beteiligung in Form kognitiv stimulierender Aktivitäten kann sich darin zeigen, dass die Eltern durch häusliche Anregungen eine Lernumwelt schaffen, in welcher die Vorläuferfähigkeiten des Kindes gefördert werden und der Schulstart erleichtert wird, indem auf Bekanntes Bezug genommen wird. Daran anschließend ist zu diskutieren, ob das Modell mit Blick auf den Schuleintritt um einen vierten Modus der Elternbeteiligung zu ergänzen ist: *Elterliches Modellverhalten als Form der Beteiligung*, bei der die Eltern dem Kind durch ihr Handeln soziale Fähigkeiten und sozio-kognitive Kompetenzen vermitteln, die für das schulische Wohlbefinden und die soziale und personale Entwicklung des Kindes Bedeutung besitzen.

9.2.2 Bedeutung der elterlichen Unterstützung im Kontext des Übergangs

Die elterliche Unterstützung trägt entscheidend dazu bei, den Übergang für das Kind erfolgreich zu gestalten. Wird die Entwicklung des Kindes betrachtet, zeigt sich die Bedeutung der elterlichen Unterstützung in unterschiedlichen Bereichen. Beispielsweise weist die sprachliche, kognitive, verhaltensbezogene (Hughes, White, Foley & Devine, 2018) und sozio-emotionale Entwicklung des Kindes (Puccioni, Baker & Froiland, 2019) positive Zusammenhänge mit der elterlichen Unterstützung (z. B. in Form häuslicher Förderung) auf. Vermittelt über das lernbezogene Verhalten ist ein unterstützendes familiäres Klima bei der Einschulung zudem für die Kompetenzentwicklung in schulischen Leistungsbereichen, wie z. B. Mathematik, relevant (Niehues, Kisbu-Sakarya & Selcuk, 2021). Besondere Bedeutung kommt der Qualität der Unterstützung zu. So hängt das Anregungsniveau der frühkindlichen familiären Lernumwelt positiv mit den Vorläuferfertigkeiten des Kindes zusammen (Lehrl, Ebert, Roßbach & Weinert, 2012). Auch für die Entwicklung schulbezogener Fertigkeiten, wie z. B. früher numerischer Kompetenzen, ist die Qualität der frühkindlichen familiären Lernumgebung (z. B. der häuslichen Anregungen zu schulischen Aktivitäten wie Zählen lernen) wichtig (Anders et al., 2012).

Die elterliche Unterstützung spielt für die Übergangsbewältigung des Kindes auch unmittelbar eine Rolle (Grotz, 2005). Dabei ist das elterliche Unterstützungsverhalten für die positive schulische Anpassung des Kindes bedeutsam (Lau & Power, 2018). Darüber hinaus deuten Forschungsbefunde an, dass übergangsbegleitende Maßnahmen, welche Eltern als Akteurinnen und Akteure im Übergang in den Blick nehmen, zu einer positiveren akademischen Entwicklung des Kindes beitragen (Cook & Coley, 2017).

Elterliche Unterstützung für Kinder mit Beeinträchtigungen

Die elterliche Unterstützung beim Schuleintritt ist für Kinder mit Beeinträchtigungen von zentraler Bedeutung. Beispielsweise ist es denkbar, durch einen intensiven Einbezug der Eltern in das Übergangsgeschehen zusätzliche Ressourcen für Kinder bereitzustellen, die aufgrund einer Beeinträchtigung (oder einer anderen individuellen Lebenslage) erhöhten Unterstützungsbedarf besitzen. Entsprechend zeigen internationale Forschungsbefunde, dass die Beteiligung an Kooperationsaktivitäten im Kontext des Schuleintritts bei Eltern, deren Kinder Beeinträchtigungen aufweisen, tendenziell höher ausfällt als bei Eltern von Kindern ohne Beeinträchtigungen (Wildenger Welchons & McIntyre, 2015). Ein direkt proportionaler Zusammenhang zwischen dem Unterstützungsbedarf des Kindes und der Elternbeteiligung ist gleichwohl nicht anzunehmen. So gibt es Hinweise, dass die Elternbeteiligung im Übergang geringer ausfällt, wenn die Beeinträchtigung des Kindes stark ausgeprägt ist (Daley et al., 2011). Eine mögliche Erklärung ist, dass Eltern von Kindern mit ausgeprägteren Beeinträchtigungen mehr Ressourcen an anderer Stelle (z. B. der Organisation umfassenderer Unterstützungsmaßnahmen) investieren müssen und daher weniger Kapazitäten für die intensivere Beteiligung an der Übergangsgestaltung haben. Dies legt den Schluss nahe, dass Eltern von Kindern mit Beeinträchtigungen zwar grundsätzlich stärker in das Übergangsgeschehen eingebunden sind, um ihr Kind zu unterstützen, jedoch an die Grenzen der Machbarkeit stoßen, wenn die Unterstützung des Kindes ein hohes Maß an Ressourcen bindet.

Wenn sich Eltern von Kindern mit Beeinträchtigungen an der Gestaltung des Übergangs für ihr Kind beteiligen, dann häufig als Teil des Unterstützungsnetzwerks aus Lehrkräften, frühpädagogischen Fachkräften und externen Professionen (z. B. Therapeutinnen und Therapeuten), die an der Übergangsgestaltung beteiligt sind (Rous, Myers & Stricklin, 2007). Welche Rolle die Eltern dabei im Einzelnen einnehmen, ist bislang jedoch noch nicht hinreichend spezifiziert (Then & Pohlmann-Rother, 2023b).

9.3 Entwicklungsaufgaben für Eltern beim Übergang

Wenn Kinder eingeschult werden, sind nicht nur sie selbst, sondern auch ihre Eltern mit vielfältigen Entwicklungsaufgaben konfrontiert. Welche Aufgaben die Eltern beim Schuleintritt ihres Kindes zu bewältigen haben, lässt sich in Anlehnung an Griebel und Niesel (2020) auf individueller, interaktionaler und kontextueller Ebene beschreiben.

Eltern erleben den Schuleintritt ihres Kindes als biographischen Einschnitt, welcher sowohl für das Kind als auch für sie selbst umfassende Veränderungen mit sich bringt und starke Emotionen (z. B. Stolz, Freude, aber auch Unsicherheit) auslöst (Andresen, Seddig & Künstler, 2013). Auf *individueller Ebene* stellt sich für die Eltern daher die Aufgabe, Emotionen zu verarbeiten. Unsicherheitsfaktoren für die Eltern sind dabei insbesondere die Fragen, wie das Kind die schulischen Anforderungen bewältigen und mit wem es Freundschaften schließen wird, wer die Lehrkraft des Kindes sein wird, ob der gewählte Einschulungszeitpunkt richtig ist und wie der Alltag mit dem Schulkind organisiert werden kann (Graßhoff, Ullrich, Binz, Pfaff & Schmenger, 2013). Die Unterstützung des Kindes im Übergang wird von den Eltern als weitere zentrale Aufgabe wahrgenommen (Reichmann, 2010). Auch der Umgang mit Veränderungen in der eigenen Identität (von Eltern eines Kindergartenkindes zu Eltern eines Schulkindes) stellt die Eltern vor Herausforderungen (Griebel & Niesel, 2020) – nicht zuletzt, weil sich die Eltern mit dem Eintritt des Kindes in die verpflichtende Institution Schule ein Stück weit emotional von ihrem Kind lösen müssen (Graßhoff et al., 2013). Darüber hinaus sind die Eltern beim Schuleintritt ihres Kindes gefordert, die eigene Erwartungshaltung an das Kind zu regulieren und der kindlichen Leistungsfähigkeit anzupassen. Die Entwicklung eines Zugehörigkeitsgefühls zur Schulfamilie bzw. zu den anderen Eltern in der

Klasse ist ebenfalls eine Anforderung, die Eltern beim Schuleintritt zu bewältigen haben (Griebel & Niesel, 2020).

Auf *interaktionaler Ebene* stehen Eltern vor der Herausforderung, die Beziehungen zur Fachkraft aus der Kindertageseinrichtung sowie zu den Eltern und Kindern dort zu lösen und – ausgehend von ihrem Zugehörigkeitsgefühl zur Schule – neue Beziehungen zur Lehrkraft und den Eltern in der Schule zu knüpfen. Dieser Prozess verläuft nicht grundsätzlich erfolgreich. So gelingt es beispielsweise nicht allen Eltern, ein vertrauensvolles Verhältnis zur Grundschullehrkraft aufzubauen (Wildgruber, Griebel, Radan & Schuster, 2017). Die Beziehung der Eltern zu ihrem Kind erfährt im Rahmen des Schuleintritts ebenfalls Änderungen. Die Eltern sind beispielsweise gefordert, die eigenen Ansprüche an das Kind (z.B. im Hinblick auf Selbstständigkeit) zu prüfen und in der Interaktion mit ihrem Kind gegebenenfalls der veränderten Situation anzupassen (Griebel & Niesel, 2020).

Allgemein nehmen Eltern die Institutionen Schule und Kindergarten als getrennte, wenig anschlussfähige Einrichtungen wahr (Graßhoff et al., 2013). Dieser Eindruck kann durch die Änderungen, die sich für die Eltern mit dem Schuleintritt auf *kontextueller Ebene* einstellen, noch verstärkt werden. So sind die Eltern – wie ihre Kinder – mit den neuen Zeitstrukturen in der Schule konfrontiert, sie haben gegebenenfalls eine zusätzliche Betreuung für ihr Kind (z.B. Hort) zu organisieren und generell die Lebensbereiche Schule, Familie und Erwerbstätigkeit in Einklang zu bringen. Weiterhin obliegt es den Eltern, in Kommunikation mit der Schule an der Bildungslaufbahn ihres Kindes zu partizipieren. Möglicherweise haben sie zudem weitere familiale Übergänge (z.B. die Geburt eines weiteren Kindes) zu bewältigen (Griebel & Niesel, 2020).

Entwicklungsaufgaben für Eltern von Kindern mit Beeinträchtigungen

Für die Eltern von Kindern mit Beeinträchtigungen sind beim Schuleintritt grundsätzlich die gleichen Entwicklungsaufgaben relevant wie für Eltern von Kindern ohne Beeinträchtigungen. Allerdings sind die Anforderungen für Eltern von Kindern mit Beeinträchtigungen komplexer und der Schuleintritt selbst eher sorgenbelastet als für andere Eltern (McIntyre, Eckert, Fiese, DiGennaro Reed & Wildenger, 2010).

Der besondere Unterstützungsbedarf, den Kinder mit Beeinträchtigungen beim Übergang zeigen (Janus & Siddiqua, 2018), hat zur Folge, dass die Unterstützung des Kindes auf *individueller Ebene* für die Eltern besonders herausfordernd sein kann. Darüber hinaus kann es Eltern von Kindern mit Beeinträchtigungen aufgrund der besonderen Bedürfnisse ihrer Kinder schwerer fallen, sich emotional von ihren Kindern zu lösen und die Verantwortung für ihre Kinder zu einem Teil an die Schule zu übertragen. Eine Aufgabe, die sich Eltern von Kindern mit Beeinträchtigungen beim Schuleintritt außerdem stellt, ist es, mit der Sorge vor Stigmatisierung ihres Kindes in der Schule aufgrund seiner Beeinträchtigung umzugehen (Connolly & Gersch, 2016). Auch eine mögliche eigene Stigmatisierung ist eine potenzielle Belastung für die Eltern. Die Spezifizierung des Wissens über ihr Kind auf übergangsbezogene Fragestellungen – beispielsweise um abwägen zu können, welche besonderen Bedürfnisse ihr Kind mit seinen individuellen Voraussetzungen im Übergang entwickeln könnte –, ist für die Eltern beim Schuleintritt ebenfalls bedeutsam.

Da es Eltern von Kindern mit Beeinträchtigungen schwerer fallen kann, sich beim Schuleintritt von ihren Kindern zu lösen, benötigen sie unter Umständen größeres Vertrauen in die Lehrkraft und ihre Fähigkeiten. Zudem hängt der Aufbau von Beziehungen zu den Eltern der anderen Schulkinder beim inklusiven Übergang auf *interaktionaler Ebene* stark von der Offenheit der anderen Eltern gegenüber dem Kind bzw. dem gemeinsamen Schulbesuch ihrer Kinder ab. Damit können auch Sozialbeziehungen als Ressource zur Übergangsbewältigung für die Eltern angesehen werden. Besonders die Unterstützung durch Personen, die ähnliche Erfahrungen gemacht haben, kann den Eltern bei der Bewältigung des Übergangs und den damit einhergehenden Anforderungen helfen (Dockett et al., 2011).

Auf *kontextueller Ebene* stellt sich Eltern von Kindern mit Beeinträchtigungen die Aufgabe, neben der Schule, Familie und Arbeitswelt auch die Unterstützungssysteme für ihr Kind als vierten Lebensbereich zu integrieren. Dabei sind sie gefordert, die Unterstützung für ihr Kind zu organisieren und koordinieren (Janus & Siddiqua, 2018). Neben den Unterstützungsstrukturen für das Kind können die Eltern auch gefordert sein, für sich selbst Unterstützung zu suchen. Beispielsweise können sie Beratungsstellen kontaktieren, die ihnen bei der Bewältigung des Übergangs ihrer Kinder sowie der Bewältigung eigener Entwicklungsaufgaben im Übergang helfen.

9.4 Übergangsbewältigung der Eltern

Während eine Reihe von Forschungsarbeiten die kindliche Übergangsbewältigung beim Schuleintritt fokussieren (▶ Kap. 8.3), sind Studien, welche die Übergangsbewältigung der Eltern in den Blick nehmen, vergleichsweise selten. Die Ergebnisse einer groß angelegten quantitativen Erhebung zu dem Thema (n=702 Eltern) zeigen aber, dass die Eltern diesen Übergang meist erfolgreich bewältigen. Nur etwa ein Zehntel der Befragten gab an, den Übergang von Eltern eines Kindergartenkindes zu Eltern eines Schulkindes negativ bewältigt zu haben (Wildgruber et al., 2017). Besondere Bedeutung scheint hier den eigenen Erfahrungen der Eltern zuzukommen: Forschungsbefunde legen nahe, dass sowohl die Erinnerungen an die eigene Einschulung (Andresen et al., 2013) als auch Erfahrungen mit dem Schuleintritt eigener älterer Kinder (Griebel, Wildgruber, Held, Schuster & Nagel, 2013) für das elterliche Erleben beim Übergang bedeutsam sind. Welchen Einfluss übergangsbezogene Erfahrungen auf die elterliche Wahrnehmung des Übergangs haben, ist unter den Eltern unterschiedlich: In der Erhebung von Griebel et al. (2013) beispielsweise blickte ein Teil der übergangserfahrenen Eltern dem Schuleintritt gelassen entgegen, wohingegen ein anderer Teil gerade aufgrund seiner Erfahrungen die Notwendigkeit sah, sich intensiv am Übergangsprozess zu beteiligen. Wie ihr Kind den Übergang bewältigt, ist für die Übergangsbewältigung der Eltern ebenfalls relevant. Wenn ihr Kind den Übergang erfolgreich meistert, bewältigen auch die Eltern den Übergang eher positiv (Wildgruber et al., 2017). Daneben spielen auch Hintergrundmerkmale wie der sozioökonomische Status der Eltern für ihre Wahrnehmung des Übergangs eine Rolle: Eltern mit niedrigem sozioökonomischem Status sind im Übergang größeren Belastungen ausgesetzt (Pfaff, 2016) und haben bei der Übergangsbewältigung entsprechend größere Schwierigkeiten. Ein möglicher Grund ist, dass Eltern mit niedrigem soziökonomischem Status im Übergangsprozess die Begrenztheit der eigenen Ressourcen unmittelbar vor Augen geführt bekommen (z. B. in Bezug auf finanzielle und bildungsbezogene Ressourcen, aber auch in Form sozialer Ausgrenzung). Daraus resultiert ein höheres subjektives Belastungsempfinden, welches zusätzliches Bewältigungshandeln erfordert (ebd.). Auch eine geringere Informiertheit über die Einschulung kann an dieser Stelle eine Rolle spielen. So ist nachgewiesen, dass Eltern mit geringerem Bildungsabschluss weniger gut über den Schuleintritt informiert sind als Eltern mit hohem Bildungsabschluss (Faust et al., 2007). Weniger gut über den Übergang Bescheid zu wissen, kann zu größeren Unsicherheiten im Übergangsprozess führen.

Dass auch *Eltern eines Kindes mit Beeinträchtigungen* den Übergang zu Eltern eines Schulkindes als besonders herausfordernd empfinden, deuten Forschungsbefunde an. Teils berichten diese Eltern von spezifischen Problemen, die nach dem Schuleintritt auftreten und ihr Erleben potenziell negativ beeinflussen, z. B. Frustration über lange Wartezeiten auf schulische Unterstützung für ihr Kind (Janus, Kopechanski, Cameron & Hughes, 2008). Zudem äußern Eltern von Kindern mit Beeinträchtigungen beim Schuleintritt häufig einen hohen Bedarf an Beratung und Begleitung (Kron & Papke, 2006). Ein besonderer Unterstützungsbedarf des Kindes geht folglich oftmals mit besonderem Unterstützungsbedarf der Eltern einher, welchem durch spezifische Unterstützungsmaßnahmen – z. B. Beratungsangebote (Then & Pohlmann-Rother, 2023a) – gezielt begegnet werden kann.

10 Aufgaben für frühpädagogische Fachkräfte, Lehrkräfte und externes Unterstützungspersonal beim Übergang

Neben dem Kind und seinen Eltern sind auch die frühpädagogischen Fachkräfte in Kindertageseinrichtungen, die Lehrkräfte der aufnehmenden Schulen und Mitarbeiterinnen und Mitarbeiter externer Unterstützungssysteme (z. B. Psychologinnen und Psychologen oder Sozialarbeiterinnen und Sozialarbeiter) relevante Akteurinnen und Akteure im Übergangsprozess. In diesem Kapitel stehen zentrale Aufgaben im Fokus, mit denen Fachkräfte, Lehrkräfte sowie Mitarbeiterinnen und Mitarbeiter externer Unterstützungssysteme konfrontiert werden, wenn sie den Übergang eines Kindes und seiner Eltern begleiten. Zunächst liegt das Augenmerk auf der Diagnose der kindlichen Lernvoraussetzungen und der Förderung der Schulfähigkeit (▶ Kap. 10.1). Anschließend wird die Kooperation zwischen den Akteurinnen und Akteuren beleuchtet, welche für den Übergang allgemein und inklusive Übergangsprozesse im Speziellen eine zentrale Gelingensbedingung ist (▶ Kap. 10.2).

10.1 Diagnose der Lernvoraussetzungen und Förderung der Schulfähigkeit

Um Unterricht passgenau auf die Bedürfnisse der Kinder abstimmen zu können, ist eine möglichst valide Diagnose der kindlichen Lernvoraussetzungen essenziell. Auch im Anfangsunterricht und nicht zuletzt in heterogenen Gruppen spielt die Feststellung des Lern- und Entwicklungsstandes eine bedeutende Rolle (Liebers, 2022). In diesem Zusammenhang wird insbesondere der Schulfähigkeit hohe Bedeutung zugeschrieben, da diese die Anpassung des Kindes an die schulische Umwelt erleichtern kann. Die Förderung der Schulfähigkeit nimmt im Elementar- und Primarbereich sowie an der Schnittstelle zwischen beiden Bildungsstufen daher breiten Raum ein. Im folgenden Kapitel werden das Konzept der Schulfähigkeit sowie Verfahren der Schuleingangsdiagnostik in den Blick genommen, welche die Grundlage für die Förderung der Schulfähigkeit bilden. Nach Darstellung der theoretischen und begrifflichen Grundlagen zur Schulfähigkeit (▶ Kap. 10.1.1) rücken die konkreten Aufgaben der Pädagoginnen und Pädagogen – die Schuleingangsdiagnostik sowie die Förderung der Schulfähigkeit – in den Blick (▶ Kap. 10.1.2). Anschließend wird ein Augenmerk auf die Verbreitung der Schuleingangsdiagnostik sowie das Schulfähigkeitsverständnis verschiedener übergangsbeteiligter Akteurinnen und Akteure gelegt (▶ Kap. 10.1.3).

10.1.1 Begriffliche und theoretische Grundlagen zu Schulfähigkeit

›Schulfähigkeit‹ gilt als ein Kernkonzept der Grundschulpädagogik und war als solches in der Vergangenheit bereits mehrfach Gegenstand kontroverser Debatten. Dabei hat sich das Verständnis des Konstrukts im Laufe der Jahre und Jahrzehnte grundlegend gewandelt (für einen detaillierten historischen Überblick vgl. Kammermeyer, 2014; Plehn, 2012).

In den 1950er Jahren herrschte ein nativistisches, reifungstheoretisches Verständnis vor. ›Schulreife‹ – wie die damals gängige Begrifflichkeit lautete – wurde als »Resultat eines endogen gesteuerten Reifungsprozesses« (Kammermeyer, 2014, S. 295) angesehen. Ausgehend von den Arbeiten Kerns (1951) dominierte die Vorstellung, dass jedes Kind das für den erfolgreichen Schulbesuch nötige Entwicklungsstadium früher oder später zwangsläufig erreiche. Lediglich der Zeitpunkt, zu dem ein Kind ›schulreif‹ werde, sei von Kind zu Kind unterschiedlich. Um den gelingenden Schulstart sicherzustellen, müsse deshalb nur abgewartet werden, bis das Kind weit genug entwickelt, d. h. ›gereift‹ sei, um in der Schule zurecht zu kommen. Fördermaßnahmen, welche auf eine vorzeitige Herstellung der Schulreife abzielten, galten nach dieser Argumentation als wirkungslos oder sogar schädlich.

Eigenschaftstheoretische Vorstellungen basieren auf der Annahme, dass Schulfähigkeit von einzelnen, weitgehend stabilen Persönlichkeitsmerkmalen des Kindes abhänge. Die Schuleingangsdiagnostik hatte demnach das Ziel, schulfähige von nicht-schulfähigen Kindern zu unterscheiden und nicht-schulfähige Kinder für eine Zurückstellung zu selektieren. Sowohl reifungs- als auch eigenschaftstheoretische Vorstellungen von Schulfähigkeit gelten heute als widerlegt (Kammermeyer, 2014).

Ein grundlegender Wandel in der Konzeptualisierung von Schulfähigkeit vollzog sich mit der Berücksichtigung lerntheoretischer Annahmen. Die Merkmale eines Kindes, denen für Schulfähigkeit zentrale Bedeutung zugeschrieben wurde (z. B. Gliederungsfähigkeit), wurden nun als erlernbar angesehen. Schulfähigkeit wurde damit nicht länger als statisches, sondern als dynamisches Konstrukt betrachtet, welches aktiv gefördert werden kann.

In der aktuellen Debatte ist ein ökosystemisches Verständnis von Schulfähigkeit vorherrschend und allgemein anerkannt. Schulfähigkeit wird demzufolge nicht allein über die Fähigkeiten des Kindes definiert. Stattdessen werden auch Merkmale und Bedingungen der

Umwelt als relevant erachtet. National sind vor allem das Modell von Nickel (1990) und der Transitionsansatz (Griebel & Niesel, 2020) einflussreich. Nickel (1990) beschreibt Schulfähigkeit (bzw. ›Schulreife‹, wie er das Konzept wieder bezeichnet) als interaktionistisches, ökopsychologisches Konstrukt. Schulfähigkeit wird demnach vom Zusammenspiel dreier Teilsysteme beeinflusst: der *Schülerin bzw. dem Schüler* mit ihren bzw. seinen individuellen Voraussetzungen; der *Schule*, d. h. dem Schulsystem, allgemeinen Anforderungen im schulischen Kontext (z. B. Anforderungen des Lehrplans) sowie den spezifischen Unterrichtsbedingungen; und der *Ökologie*, d. h. der schulischen, vorschulischen und familiären Umwelt. Vor dem Hintergrund der gesamtgesellschaftlichen Bedingungen wirken diese Teilsysteme zusammen und konstituieren dadurch Schulfähigkeit. Nach Annahme des Transitionsansatzes (Griebel & Niesel, 2020) wird Schulfähigkeit durch das Kind, die beteiligte Familie, den Kindergarten und die Schule ko-konstruiert, d. h. erst im gemeinsamen Handeln hergestellt. Schulfähigkeit sei folglich eine »Aufgabe für alle Beteiligten« (ebd., S. 128), die zu lösen »als Kompetenz eines sozialen Systems« (ebd.) begriffen wird. International ist der ökosystemische Ansatz ebenfalls bedeutsam. Beispielsweise finden sich im Schulfähigkeitsverständnis des US-amerikanischen National Education Goals Panel aus dem Jahr 1997, welches im Diskurs vielfach aufgegriffen wird (z. B. Dockett & Perry, 2009), Bezüge zur ökosystemischen Sichtweise. Das Konstrukt Schulfähigkeit umfasst nach diesem Verständnis neben (1) der individuellen Schulfähigkeit des Kindes (d. h. Kompetenzen zum erfolgreichen Schulbesuch) auch (2) die Kindfähigkeit der Schule (d. h. schulische Bedingungen, die Kindern den erfolgreichen Schulbesuch ermöglichen) sowie (3) Unterstützung durch die Eltern und soziale Umwelt. Die Fähigkeiten des Kindes sind somit lediglich ein Baustein des Gesamtkonzepts Schulfähigkeit.

Weitere aktuelle Konzeptualisierungen sehen Schulfähigkeit als Ziel, dessen Erreichen allen Kindern vom Bildungssystem ermöglicht werden soll. Andere Ansätze definieren Schulfähigkeit als Produkt der subjektiven Theorien derjenigen Personen, die in den Übergangsprozess involviert sind. Dabei wird angenommen, dass die geteilten Vorstellungen verschiedener übergangsbeteiligter Akteurinnen und Akteure (z. B. Lehrkräfte, frühpädagogische Fachkräfte) in einem sozialen Setting (z. B. einem Schulsprengel) maßgebend dafür sind, was unter Schulfähigkeit im jeweiligen sozialen Setting verstanden wird (Kammermeyer, 2014; Smith & Shepard, 1988).

Schließlich wird in der Diskussion um Schulfähigkeit heute auch auf die Bedeutung der kindlichen Vorläuferfertigkeiten verwiesen, die für den schulischen Erfolg der Kinder eine Schlüsselrolle einnehmen (▶ Kap. 8.1.2). Die Förderung von Schulfähigkeit wird daher oftmals mit der Förderung der kindlichen Vorläuferfertigkeiten in Verbindung gebracht.

Zusammenfassend lässt sich somit die Abkehr von reifungstheoretischen und einseitig individuumszentrierten Vorstellungen hin zu einem multidimensionalen Schulfähigkeitsbegriff und damit ein grundlegender Paradigmenwechsel im Laufe der Jahrzehnte feststellen. Um inklusive Übergänge in die Schule zu ermöglichen, war dieser Paradigmenwechsel von großer Bedeutung. So ist die umfassende Unterstützung des Kindes, welche Umweltmerkmale berücksichtigt und verschiedenste Akteurinnen und Akteure einbindet, Voraussetzung für einen gelingenden Schuleintritt von Kindern mit Beeinträchtigungen. Ein Schulfähigkeitsverständnis, das explizit auch Umweltmerkmalen und allgemeinen Kontextbedingungen Bedeutung beimisst, schafft hierfür die Grundlage. Bisweilen wird im grundschulpädagogischen Diskurs auch der – nicht unumstrittene (Liebers, 2022) – Verzicht auf den Schulfähigkeitsbegriff und, in diesem Zusammenhang, der Schuleingangsdiagnostik gefordert (Faust-Siehl et al., 1996). Bislang findet das Konzept jedoch sowohl in einschlägigen Forschungsarbeiten als auch den gesetzlichen Rahmenbestimmungen nach wie vor umfassend Niederschlag.

10.1.2 Schuleingangsdiagnostik und Förderung der Schulfähigkeit

An der Schnittstelle zwischen Elementar- und Primarbereich stellen die *Schuleingangsdiagnostik* und die *Förderung der Schulfähigkeit* Anforderungen an das professionelle Handeln der Pädagoginnen und Pädagogen. Ausgehend vom Wandel, den der Schulfähigkeitsbegriff über die Zeit erfuhr, hat sich das Verständnis beider Konzepte im Laufe der Jahre dabei tiefgreifend verändert.

Schuleingangsdiagnostik

Das ursprüngliche Ziel der Schuleingangsdiagnostik war die Auslese nicht-schulfähiger bzw. nicht-schulreifer Kinder (für einen historischen Überblick zur Schuleingangsdiagnostik vgl. Kammermeyer, 2014; Kammermeyer & Martschinke, 2018). ›Traditionelle‹ Schulreifetests prüften hierfür einzelne oder mehrere Fähigkeiten des Kindes. Zu geringe Testwerte galten als Indikator für eine mangelnde Schulreife, aus der eine Zurückstellung vom Schulbesuch resultierte. Verbreitet war beispielsweise der Grundleistungstest nach Kern (1951), der auf Basis von Kerns Schulreifebegriff konzipiert und angewendet wurde.

Nachdem die mangelnde Aussagekraft traditioneller Schulreifetests vielfach nachgewiesen worden war (z.B. Krapp & Mandl, 1977), regte sich jedoch Widerstand gegen diese einseitige Form der Diagnostik (Liebers, 2022). Anknüpfend an das ökosystemische Verständnis von Schulfähigkeit wurde mit dem Kieler Einschulungsverfahren (Fröse, Mölders & Wallrodt, 1986) daher ein Instrument entwickelt, welches auch den Kontext sowie das soziale und emotionale Verhalten der Kinder berücksichtigte (Liebers & Götz, 2019).

Einen weiteren Entwicklungsschritt markierte die Anerkennung einer subjekt- und handlungsorientierten Diagnostik, bei der die Kinder nicht in künstlichen Testsituationen, sondern im Kita-Alltag beobachtet und eingeschätzt werden. Wichtig ist hierbei, dass die Perspektiven verschiedener Personen (z.B. Eltern, Fachkräfte, Lehrkräfte) in die Beurteilungen einbezogen werden (Kammermeyer, 2014).

Besondere praktische Bedeutung kommt heute informellen Verfahren der Schuleingangsdiagnostik zu, d. h. Instrumenten, welche Fach- und Lehrkräfte auf Basis ihrer beruflichen Erfahrungen eigenständig konzipieren und weiterentwickeln. Inhaltlich können diese stark variieren. Verfahren, die punktuell ausgewählte Entwicklungsbereiche adressieren, sind ebenso denkbar wie ganzheitlich angelegte Instrumente, die Entwicklungsverläufe berücksichtigen und beispielsweise auch Kontextbedingungen Rechnung tragen. Da Aussagen darüber fehlen, inwieweit informelle Verfahren die Testgütekriterien erfüllen, wird diese Praxis aber auch kritisch gesehen (Kammermeyer & Martschinke, 2018).

Die Feststellung schulrelevanter Vorläuferfertigkeiten (z.B. phonologische Bewusstheit) ist ein weiteres bedeutendes Element der gegenwärtigen Schuleingangsdiagnostik. Zu diesem Zweck werden auch standardisierte Tests verwendet, wie beispielsweise das Bielefelder Screening (Jansen, Mannhaupt, Marx & Skowronek, 1999).

Aktuell ist der Einsatz von Schulfähigkeitstest in Deutschland – mit Ausnahme von Verfahren der Sprachstandserhebung (z.B. in Nordrhein-Westfalen, vgl. §36 Abs. 2 SchulG NRW) – nicht verpflichtend. Im Gegensatz zu den ursprünglichen Zielen der Testverfahren (Selektion) geht es bei der heutigen Diagnostik vor allem darum, Unterstützungsbedarfe zu identifizieren und den Kindern einen erfolgreichen Übergang zu ermöglichen (Kammermeyer & Martschinke, 2018). *Inklusive* Übergänge werden vor dem Hintergrund dieses Paradigmenwechsels überhaupt erst möglich. So verlangt die erfolgreiche Gestaltung des Schuleintritts für Kinder mit und ohne Beeinträchtigungen, passgenaue Lernangebote bereitzustellen, welche den Bedürfnissen der Kinder entsprechen. Um dies zu gewährleisten, skizziert Liebers (2022) die Schuleingangsdiagnostik als gestaffelten Prozess:

1. In der Transitionsphase zwischen Kindergarten und Grundschule sollten Informationen generiert werden, welche für die hetero-

genitätssensible Gestaltung des Anfangsunterrichts bedeutsam sind, beispielsweise durch systematische Beobachtungen in gemeinsamen Veranstaltungen von Kita und Schule oder mithilfe ausgewählter Diagnoseinstrumente wie z. B. ILEA T (Geiling, Liebers & Prengel, 2015). Dabei wird der Einbezug vielfältiger Daten über die Kinder als bedeutsam angesehen.
2. Am Schulanfang sollten domänenspezifische Lernstandsanalysen durchgeführt werden, welche an den Zielen des Lehrplans ausgerichtet sind.
3. Im weiteren Verlauf des Anfangsunterrichts sollten eine lernprozessbegleitende Diagnostik etabliert und Aufgaben entwickelt werden, die an den individuellen Bedürfnissen des einzelnen Kindes ansetzen. Als Zieldimension fungiert die ›Zone der nächsten Entwicklung‹, d. h. der erwartete nächste Entwicklungsbereich, welchen das Kind erreichen wird und aktuell nur mit sozialer Unterstützung erreicht.

Förderung der Schulfähigkeit

Inwieweit die Förderung der Schulfähigkeit im Übergangsprozess gerechtfertigt ist, wurde im Laufe der Jahrzehnte ebenfalls aus unterschiedlichen Perspektiven diskutiert. Während die Förderung der Schulfähigkeit in reifungstheoretischen Modellen (Kern, 1951) abgelehnt wurde, ist eine aktive Förderung aus lerntheoretischer und ökosystemischer Sicht erwünscht. Gegenwärtig wird die Förderung der Schulfähigkeit häufig als Förderung der Vorläuferfertigkeiten praktiziert. Vor allem Trainings der phonologischen Bewusstheit, welche im Rahmen der allgemeinen Sprachförderung stattfinden (Kammermeyer, 2014), spielen eine wichtige Rolle. Sehr verbreitet ist hierfür beispielsweise das Programm ›Hören, Lauschen, Lernen‹ (Küspert & Schneider, 2018). Ein anderes Beispiel ist das Programm ›Lesen und schreiben lernen mit der Hexe Susi‹ (Martschinke, Kirschhock, Frank & Forster, 2017). Für den mathematischen Bereich gibt es vergleichbare Programme, z. B. ›Spielend Mathe‹ (Quaiser-Pohl, 2008).

Inklusive Übergänge, welche einen ökosystemischen Blick auf den Übergangsprozess verlangen (▶ Kap. 6), erfordern neben dem Fokus auf kindliche Lernvoraussetzungen auch die Berücksichtigung des Kontexts. Eine aktive Förderung der Schulfähigkeit umfasst demnach nicht allein die Schulung der kindlichen Vorläuferfertigkeiten, sondern zugleich eine Anpassung (z.B. Flexibilisierung) der Rahmenbedingungen. Ein Beispiel ist das Modell der flexiblen Schuleingangsstufe, in dem Schulfähigkeit auch als Aufgabe der Schule aufgefasst wird und welches – zumindest grundsätzlich – als geeignet angesehen werden kann, um inklusive Übergänge in die Grundschule zu ermöglichen (Kron, 2013).

10.1.3 Verbreitung der Schuleingangsdiagnostik und Verständnis von Schulfähigkeit

Obwohl die Legitimität der *Schuleingangsdiagnostik* im grundschulpädagogischen Diskurs intensiv diskutiert wird, mangelt es bislang an Studien, welche den Einsatz einschlägiger Diagnoseverfahren umfassend (z.B. aus einer nationalen Perspektive) evaluieren. Wehner (2015) nennt die Vielfalt der eingesetzten Diagnoseformen in den Bundesländern als möglichen Grund, die eine flächendeckende und vergleichbare Erfassung der Diagnosepraxis erschwert. Aus vorliegenden Studien lassen sich daher lediglich Tendenzen lesen, die jedoch nicht zwingend verallgemeinert werden können.

Ältere Studien, welche die Schuleingangsdiagnostik in den Blick nehmen, legen nahe, dass standardisierte Einschulungstests – wenn sie zum Einsatz kamen – vorrangig selektiven Charakter hatten (Mader, 1989). Fördermaßnahmen wurden aus den Tests meist nicht abgeleitet (Kormann, Storath & Schlegel, 1993). Aktuellere Erhebungen geben Einblick in die gegenwärtig praktizierte Diagnostik und zeigen, dass Schnuppertage bzw. Schnupperunterricht verbreitete Diagnosesettings darstellen (Kelle, 2018; Schipper & Pohlmann-Rother, 2013). Insgesamt scheinen selbsterstellte informelle Verfahren die am häufigsten genutzten Diagnoseinstrumente zu sein (Schipper

& Pohlmann-Rother, 2013). Dabei sind die Lehrkräfte zwar bemüht, die Verfahren beständig weiterzuentwickeln (Kelle, 2018). Gleichzeitig deuten Forschungsergebnisse aber an, dass die Pädagoginnen und Pädagogen das Wissen, welches mithilfe der Verfahren generiert wird, kaum förderdiagnostisch nutzen (Kelle, Ott & Schweda, 2012), sodass in diesem Bereich nach wie vor Entwicklungspotenzial besteht.

Über die Diagnostik beim Schuleintritt von *Kindern mit Beeinträchtigungen* gibt eine Studie Aufschluss, die den Einsatz von Bildungsdokumentationen beim Übergang von Kindern mit Entwicklungsgefährdungen untersucht. Darin wird auf Basis von Fallrekonstruktionen festgestellt, dass Verfahren der Bildungsdokumentation zwar eingesetzt werden, eine explizite Weitergabe der Dokumentationen zwischen den Fachkräften der Kindertageseinrichtung und den Lehrkräften jedoch nicht stattfindet. Stattdessen fließen die Informationen in den Dialog zwischen den Professionen ein, ohne explizit als Informationen gekennzeichnet zu werden (Cloos, Schulz, Urban & Werning, 2015). Die Fach- und Lehrkräfte stehen somit zwar im Austausch über das Kind und greifen dabei auch implizit auf Informationen aus den Bildungsdokumentationen zurück, verpassen es aber, ausdrücklich über die Inhalte der Dokumentationen zu sprechen und diese explizit als Ausgangspunkt für die weitere Förderung zu nutzen.

Auf welche Bereiche Maßnahmen zur *Förderung der Schulfähigkeit* in den Augen der Übergangsbeteiligten abzielen sollten, äußert sich darin, welchen Kriterien die Übergangsbeteiligten für Schulfähigkeit Bedeutung zuschreiben. Im Forschungsstand werden vorrangig Schulfähigkeitskriterien fokussiert, welche die Eltern, frühpädagogischen Fachkräfte und Lehrkräfte als wichtig erachten:

Sowohl national als auch international zählen Eltern, Fach- und Lehrkräfte die sozial-emotionale Entwicklung der Kinder zu den relevantesten Schulfähigkeitskriterien (z. B. Kammermeyer, 2000; Niklas, 2011; Ring et al., 2017). Auch kognitiven Kompetenzen, vor allem Konzentrationsfähigkeit, wird von allen drei Gruppen ein hoher

Stellenwert zugeschrieben (z. B. Niklas et al., 2018; Pohlmann-Rother et al., in press; Pohlmann-Rother, Kratzmann & Faust, 2011). Sprachliche Kompetenzen der Kinder sind nach Einschätzung der Eltern, Fach- und Lehrkräfte für Schulfähigkeit ebenfalls relevant (z. B. Flender, 2009; Kammermeyer, 2000; Wesley & Buysse, 2003). Welche Bedeutung den schulnahen Fähigkeiten der Kinder (z. B. Zahlen- oder Buchstabenkenntnisse) beigemessen wird, unterscheidet sich dagegen zwischen den Gruppen: Forschungsbefunde deuten an, dass Lehrkräfte schulnahe Fähigkeiten als weniger wichtig erachten als frühpädagogische Fachkräfte (Abry, Latham, Bassok & LoCasale Crouch, 2015). Merkmale des Ökosystems werden als Schulfähigkeitskriterien zudem weniger häufig genannt als kindbezogene Kriterien (Ring et al., 2017). Gleichzeitig ist das reifungstheoretische Verständnis von Schulfähigkeit – obwohl wissenschaftlich widerlegt – in den Einschätzungen von Fach- und Lehrkräften nach wie vor dominant (Reicher-Pirchegger, 2022).

Welche Bereiche für die Schulfähigkeit von *Kindern mit Beeinträchtigungen* als wichtig angesehen werden, legt die Studie von Kron (2009) nahe. Darin nennen Lehrkräfte und frühpädagogische Fachkräfte spezifische Entwicklungsdomänen, welche der Kindergarten mit Blick auf den Schulbesuch ihrer Ansicht nach fördern sollte. Der Fokus liegt hier sowohl auf Kindern mit körperlichen als auch Kindern mit geistigen Beeinträchtigungen. Im Ergebnis zeigt sich, dass die Fach- und Lehrkräfte vor allem die soziale Kompetenz, Selbstständigkeit und das Selbstbewusstsein als bedeutsam einschätzen. Welchen Schulfähigkeitskriterien zusätzliches Fachpersonal (hier: Therapeutinnen und Therapeuten) bei Kindern mit Autismus Bedeutung beimisst, wird in der Studie von Larcombe, Joosten, Codier und Vaz (2019) thematisiert. Neben der Sozialentwicklung sind dies etwa kommunikative Fähigkeiten sowie spielbezogene Kompetenzen (z. B. die Fähigkeit, allein zu spielen oder in unterschiedlichen Kontexten zu spielen). Insgesamt scheint die soziale Komponente nach Einschätzung der übergangsbeteiligten Akteurinnen und Akteure somit auch für Kinder mit Beeinträchtigungen ein zentrales Schulfähigkeitskriterium zu sein. Darüber hinaus existiert Evidenz für die

Bedeutung, die umweltbezogenen Unterstützungsfaktoren für den Übergang von Kindern mit Beeinträchtigungen zugeschrieben wird. Chadwick und Kemp (2002) etwa zeigen in einer australischen Studie zum Übergang von Kindern mit Beeinträchtigungen, dass sowohl Eltern als auch Vertreterinnen und Vertreter der abgebenden und aufnehmenden Bildungsinstitutionen Unterstützungsstrukturen als wichtiger für den gelingenden Übergang ansehen als die unmittelbare Vorbereitung des Kindes auf den Schulbesuch, d. h. die Förderung schulrelevanter Kompetenzen. Merkmale der Umwelt besitzen in den Augen der Befragten damit hohe Relevanz für den erfolgreichen Übergang von Kindern mit Beeinträchtigungen.

10.2 Kooperation von pädagogischem Personal, Eltern und externem Unterstützungspersonal beim Übergang

Die Kooperation von frühpädagogischen Fachkräften, Lehrkräften, Eltern und externem Unterstützungspersonal kann einen entscheidenden Beitrag dazu leisten, den Schuleintritt für Kinder und Eltern entwicklungsförderlich zu gestalten. Gleichzeitig schaffen tragfähige Kooperationsbeziehungen den nötigen Rahmen, um den inklusiven Übergang in die Schule zum Erfolg zu führen (Albers & Lichtblau, 2020). Im folgenden Kapitel steht die Kooperation als Aufgabe der Akteurinnen und Akteure beim Übergang im Zentrum. Dabei werden sowohl die theoretischen und begrifflichen Grundlagen (▶ Kap. 10.2.1) als auch der Forschungsstand zur Thematik dargestellt (▶ Kap. 10.2.2).

10.2.1 Begriffliche und theoretische Grundlagen zur Kooperation

Der Begriff ›Kooperation‹ leitet sich vom lateinischen ›cooperatio‹ (dt. ›Mitwirkung‹) ab. Im pädagogischen Diskurs ist die organisationspsychologische Definition von Spieß (2004, S. 199) einflussreich. Kooperation ist demnach »gekennzeichnet durch den Bezug auf andere, auf gemeinsam zu erreichende Ziele bzw. Aufgaben; sie ist intentional, kommunikativ und bedarf des Vertrauens. Sie setzt eine gewisse Autonomie voraus und ist der Norm von Reziprozität verpflichtet.« Aufbauend auf dieser Begriffsbestimmung sowie Schwerpunkten der schul- und organisationspsychologischen Forschung identifizierten Gräsel, Fußangel und Pröbstel (2006) drei Kernbedingungen, die für Kooperation konstitutiv sind: (1) Die Kooperationspartnerinnen und -partner verfolgen *gemeinsame Ziele* bzw. arbeiten an *gemeinsamen Aufgaben*. (2) Die Kooperationspartnerinnen und -partner haben hinreichendes *Vertrauen* zueinander. (3) Die Kooperationspartnerinnen und -partner verfügen über ein bestimmtes Maß an *Autonomie*, d. h., sie können in der Zusammenarbeit bis zu einem gewissen Grad selbstständig agieren.

Um Kooperationsaktivitäten im schulischen Kontext zu systematisieren, existiert eine Vielzahl an theoretischen Konzepten (Neumann, 2019). Im Weiteren werden zwei Modelle vorgestellt, die verbreitet sind, um Kooperationsprozesse beim Übergang vom Kindergarten in die Schule zu beschreiben.

Ein international sehr einflussreiches und breit rezipiertes Modell liefern Pianta, Cox, Taylor und Early (1999). Darin unterscheiden die Autorinnen und Autoren zwei Kategorien von übergangsbegleitenden Maßnahmen (›transition practices‹), welchen die Kooperationsaktivitäten am Übergang zugeordnet werden können: *High-intensity transition practices* umfassen Maßnahmen, die stark individualisiert sind, d. h. an den individuellen Bedürfnissen eines Kindes ansetzen und diese ins Zentrum rücken. Hierzu gehören beispielsweise Beratungsgespräche zwischen Fachkräften, Lehrkräften, Eltern und Mitarbeiterinnen bzw. Mitarbeitern externer Unterstützungssysteme über die individuelle Entwicklung bzw. die individuell geeignete Schulform für ein Kind. *Low-intensity transition practices* sind kaum oder nicht individualisiert, sondern adressieren eine allgemeine Ebene. Hierzu gehören beispielsweise Schulbesuche von Kita-Kindern oder allgemeine Informationsveranstaltungen zum Übergang, die von den beteiligten Akteurinnen und Akteuren gestaltet werden.

Im deutschsprachigen Raum wird schulische Kooperation häufig mit dem Modell von Gräsel, Fußangel und Pröbstel (2006) in Verbindung gebracht. Obwohl nicht explizit für übergangsbegleitende Kooperationsaktivitäten entwickelt, wird das Modell auch genutzt, um die Kooperation im Rahmen des Schuleintritts zu fassen. Grundlegend ist dabei die Differenzierung zwischen drei Formen der Kooperation.

Beim *Austausch* treten die Kooperationspartnerinnen und -partner (z. B. Fach- und Lehrkräfte) in Kontakt, um Informationen und Materialien zu transferieren. Eine Zielinterdependenz ist nicht notwendig, d. h. es ist keine Voraussetzung, dass die Zielerreichung einer Kooperationspartnerin/eines Kooperationspartners die Zielerreichung der anderen Kooperationspartnerin/des anderen Kooperationspartners unmittelbar unterstützt. Der Grad an Autonomie, über den die Kooperationspartnerinnen und -partner verfügen, ist bei dieser Form der Kooperation sehr hoch. Gleichzeitig müssen die Kooperationspartnerinnen und -partner darauf vertrauen, dass gewährte Unterstützung erwidert und die Bitte um Unterstützung nicht als Zeichen von Unvermögen interpretiert wird. Ein Beispiel für Kooperation auf Ebene des Austauschs ist die Teilnahme einer frühpädagogischen Fachkraft an einem Elternabend der Schule.

Die zweite Form der Kooperation ist die *Arbeitsteilung*. Hier existiert eine übergeordnete Zielstellung, die von allen Kooperationspartnerinnen und -partnern anerkannt und verfolgt wird. Um das Ziel zu erreichen, leisten die Kooperationspartnerinnen und -partner getrennt voneinander Arbeitsbeiträge, welche am Ende zusammengeführt werden. Die Autonomie der Akteurinnen und Akteure ist insofern eingeschränkt, als dass das eigene Handeln stets mit der übergeordneten Zielstellung abgeglichen und gegebenenfalls angepasst werden muss. Darüber hinaus müssen die Kooperationspartnerinnen und -partner darauf vertrauen, dass die anderen Akteurinnen und Akteure ihren Beitrag mit der nötigen Sorgfalt erledigen. Ein Beispiel für Kooperation auf der Ebene der Arbeitsteilung sind gemeinsame Feste von Kindergarten und Grundschule, bei denen Fach- und Lehrkräfte getrennt voneinander Vorbereitungen treffen, diese am Ende aber in einer gemeinsam angebotenen Veranstaltung zusammenführen.

Die dritte Form, die *Ko-Konstruktion*, gilt als intensivste Form der Kooperation. Dabei verfolgen die Kooperationspartnerinnen und -partner nicht nur die gleichen Ziele, sie arbeiten für die Zielerreichung auch unmittelbar zusammen. Die Autonomie der Akteurinnen und Akteure ist hierbei am stärksten eingeschränkt. Zudem erfordert diese Form ein hohes Maß an Vertrauen von den Akteurinnen und Akteuren, um die Zusammenarbeit gewinnbringend zu gestalten. Ein Beispiel für Kooperation auf der Ebene der Ko-Konstruktion sind individuelle Einschulungsgespräche, welche Fachkräfte, Lehrkräfte und Mitarbeiterinnen bzw. Mitarbeiter externer Unterstützungssysteme mit den Eltern führen.

10.2.2 Bedeutung und Verbreitung der Kooperation beim Übergang

Während die Bedeutung der Kooperation beim Übergang in die Schule aus theoretischer und bildungspolitischer Sicht anerkannt ist, verweisen Forschungsbefunde darauf, dass in der Kooperationspraxis am Übergang zwischen Kindergarten und Grundschule nach wie vor Entwicklungsbedarf besteht.

Eine Reihe empirischer Forschungsarbeiten zeigt, dass wenig intensive Kooperationsaktivitäten am verbreitetsten sind, insbesondere Schulbesuche von Kita-Kindern (Meyer-Siever, 2015; Pohlmann-Rother et al., in press; Rathmer, Hanke, Backhaus, Merkelbach & Zensen, 2011; Wehner & Pohlmann-Rother, 2020). Auch international dominiert diese Form der Kooperation beim Übergang (Cook & Coley,

2017). Intensivere, ko-konstruktive Kooperationsaktivitäten werden hingegen seltener praktiziert. Beispielsweise wird in Studien berichtet, dass Fach- und Lehrkräfte weniger häufig eine gemeinsame Elternberatung durchführen (Faust, Wehner & Kratzmann, 2011), gemeinsam Aufgabenstellungen für die Kinder konzipieren (Meyer-Siever, 2015) oder gemeinsame Beobachtungs- und Diagnoseverfahren nutzen (Hanke, Backhaus & Bogatz, 2013). Gleichzeitig scheint eine positive Wirkung weniger intensiver Kooperationsformen auf die akademische und/oder sozial-emotionale Entwicklung der Kinder fraglich (Ahtola et al., 2011; Faust et al., 2012; LoCasale Crouch, Mashburn, Downer & Pianta, 2008). Intensive Kooperationsaktivitäten, welche die Leistungs- und Persönlichkeitsentwicklung der Kinder beim Übergang adressieren, scheinen dagegen eher positive Effekte auf die Entwicklung der Kinder zu haben (Ahtola et al., 2011; LoCasale Crouch et al., 2008). Außerdem gehen Kooperationsaktivitäten, welche die Eltern aktiv einbeziehen, mit einer günstigeren kognitiven Entwicklung der Kinder einher (Cook & Coley, 2017). Kooperationsprozesse, welche Elternbeteiligung vorsehen, sind jedoch ebenfalls vergleichsweise selten (Faust et al., 2011; Wehner & Pohlmann-Rother, 2020).

Insgesamt ist damit festzuhalten, dass in der Kooperationspraxis weiterhin spezifischer Ausbaubedarf besteht. Wie dieser Bedarf gedeckt werden könnte, legen vorliegende Forschungsbefunde nahe. Faust et al. (2011) weisen beispielsweise nach, dass die Einstellungen der Pädagoginnen und Pädagogen gegenüber den Aktivitäten relevant dafür sind, wie häufig die Aktivitäten durchgeführt werden: Die als am wichtigsten eingeschätzten Aktivitäten werden auch am häufigsten praktiziert. Es greift folglich zu kurz, den geringeren Ressourcenaufwand wenig intensiverer Maßnahmen als einzigen Grund für deren weite Verbreitung anzuführen. Stattdessen spielt auch die Haltung der Akteurinnen und Akteure eine wichtige Rolle. Ein vielversprechender Ansatzpunkt könnte insofern darin bestehen, Pädagoginnen und Pädagogen die Bedeutung verschiedener Kooperationsmaßnahmen im Rahmen von (bildungsstufenübergreifenden)

Professionalisierungsgelegenheiten nahezubringen, um die Nutzung wirksamer Kooperationsaktivitäten nachhaltig zu fördern.

Auch wenn in der *flächendeckenden* Verbreitung der Kooperationsmaßnahmen Defizite bestehen, hat der (bildungspolitisch verankerte und pädagogisch begründete) Wunsch nach Intensivierung der Kooperation zwischen Kindergarten und Grundschule in den vergangenen Jahren zu einer Reihe von Modellprojekten geführt, welche die Zusammenarbeit zwischen den Bildungsstufen zumindest *punktuell* gefördert haben und fördern. Liebers (2020) unterscheidet drei Arten von Initiativen: a) Programme zur Verzahnung der Bildungskulturen von Kita und Schule, z. B. TransKiGs (Liebers & Scheib, 2012); b) Programme zur institutionenübergreifenden Beobachtung, Dokumentation und Förderung, z. B. WirKt (Hanke et al., 2013); und c) Programme zur Förderung der Anschlussfähigkeit in ausgewählten Bildungsbereichen, z. B. AnschlussM in Mathematik (Meyer-Siever, 2015). Für die weitere Entwicklung der Kooperationspraxis besteht die Aufgabe darin, die Erkenntnisse und Errungenschaften aus diesen Modellvorhaben in den Alltag von Kindertageseinrichtungen und Schulen zu integrieren.

Kooperation der Akteurinnen und Akteure beim Übergang von Kindern mit Beeinträchtigungen

Die Frage, wie verbreitet Kooperationsaktivitäten beim Übergang von Kindern mit Beeinträchtigungen sind, ist weniger umfassend erforscht als die Verbreitung der Kooperationsaktivitäten generell. In der Tendenz zeigt sich aber, dass intensivere Kooperationsaktivitäten beim Übergang von Kindern mit Beeinträchtigungen häufiger praktiziert zu werden scheinen (La Paro, Pianta & Cox, 2000) und die Kooperationsprozesse formalisierter sind (Edelmann, 2020) als beim Übergang von Kindern ohne Beeinträchtigungen. Ein möglicher Grund ist der hohe Unterstützungsbedarf, den Kinder mit Beeinträchtigungen beim Übergang tendenziell zeigen und der eine intensivere bzw. stärker individualisierte Kooperation der Beteiligten teils nötig macht. Der Kooperation selbst wird von den Beteiligten zudem eine hohe Bedeutung zugeschrieben (Lillvist & Wilder, 2017; Wilder & Lillvist, 2017). Dabei werden neben den frühpädagogischen Fachkräften, Lehrkräften und Eltern auch Mitarbeiterinnen und Mitarbeiter externer Unterstützungssysteme als relevante Kooperationspartnerinnen und -partner benannt (Larcombe et al., 2019).

Wie die Kooperation zwischen den Beteiligten beim Übergang von Kindern mit Beeinträchtigungen im Einzelnen gestaltet ist, welche Rolle einzelne Akteurinnen und Akteure (z. B. die Eltern) in der Kooperation einnehmen und welche Wirkung übergangsbegleitende Kooperationsmaßnahmen auf die Entwicklung der Kinder beim Übergang haben, ist gegenwärtig nicht geklärt (Then & Pohlmann-Rother, 2023b). Darüber hinaus mangelt es an aktuellen, groß angelegten und entsprechend aussagekräftigen Studien, welche die Verbreitung der Kooperation beim Übergang von Kindern mit Beeinträchtigungen im deutschsprachigen Raum erfassen.

11 Zusammenfassung – Reflexionsaufgaben – Weiterführende Literatur

Der Übergang vom Kindergarten in die Schule ist ein komplexes Geschehen, welches die Akteurinnen und Akteure vor eine Vielzahl an Herausforderungen stellt, gleichzeitig aber spezifische Entwicklungspotenziale für die Beteiligten birgt.

Das *Kind* ist zum einen handelnder Akteur bzw. handelnde Akteurin im Übergang, zum anderen Adressat bzw. Adressatin von übergangsbegleitenden Unterstützungsmaßnahmen. Um den Übergang erfolgreich zu bewältigen, spielen sowohl individuelle als auch soziale bzw. institutionelle Schutzfaktoren eine Rolle. Für Kinder mit Beeinträchtigungen sind prinzipiell die gleichen Schutzfaktoren relevant, wenngleich diese im Einzelnen gegebenenfalls anders ausgeprägt sind. Entwicklungsaufgaben, welche *alle* Kinder zu bewältigen haben, adressieren eine individuelle, eine interaktionale und eine kontextuelle Ebene. Die Übergangsbewältigung verläuft für den Großteil der Kinder kaum problematisch. Dennoch ist die langfristige Begleitung der Kinder für eine positive Gestaltung des Übergangs bedeutsam, auch und insbesondere für Kinder mit Beeinträchtigungen.

Aufgaben:

1) Beschreiben Sie konkrete Möglichkeiten, wie übergangsrelevante Schutzfaktoren für das Kind im Kita- und Schulalltag gefördert werden können und das Kind bei der Bewältigung der Entwicklungsaufgaben im Übergang unterstützt werden kann.

2) Stellen Sie Möglichkeiten dar, wie die Schutzfaktoren und die Bewältigung der Entwicklungsaufgaben des Kindes *bildungsstufenübergreifend* gefördert werden können.

Die *Eltern* nehmen im Übergang ebenfalls eine Doppelrolle ein und fungieren sowohl als Akteure bzw. Akteurinnen als auch als Adressaten bzw. Adressatinnen von Unterstützung. Eine zentrale Aufgabe der Eltern beim Übergang ist es, die individuell richtige Einschulungsentscheidung für ihr Kind zu treffen (fristgerecht vs. nichtfristgerecht; öffentliche vs. private Schule; gegebenenfalls Grund- vs. Förderschule). Auch die Unterstützung ihres Kindes im Übergang sowie in dessen Kontext stellt die Eltern vor Herausforderungen. Dabei ist die Beteiligung der Eltern an übergangsbegleitenden Maßnahmen für den gelingenden Übergang ihres Kindes relevant. Die Entwicklungsaufgaben der Eltern adressieren (wie bei den Kindern) eine individuelle, eine interaktionale und eine kontextuelle Ebene. Grundsätzlich scheinen Eltern den eigenen Übergang von Eltern eines Kindergarten- zu Eltern eines Schulkindes erfolgreich zu bewältigen. Allerdings deuten vorliegende Forschungsbefunde darauf hin, dass Eltern von Kindern mit Beeinträchtigungen den Übergang häufig als herausfordernd empfinden.

3) Erörtern Sie, mit welchen Aufgaben die Eltern in der Kooperation mit pädagogischen Fachkräften, Lehrkräften und Mitarbeitenden externer Unterstützungssysteme konfrontiert sind, wenn sie und ihr Kind den Übergang vom Kindergarten in die Schule erleben.
4) Erläutern Sie, inwieweit die Beteiligung an Kooperationsprozessen die Eltern bei der Bewältigung eigener Entwicklungsaufgaben unterstützen kann.

Die beteiligten Pädagoginnen und Pädagogen bzw. Professionen – *frühpädagogische Fachkräfte*, *Lehrkräfte* und *Mitarbeitende externer Unterstützungssysteme* – sind gefordert, den erfolgreichen Schuleintritt der Kinder und Eltern zu begleiten und zu unterstützen. Hierzu gehören die Diagnose der kindlichen Lernvoraussetzungen und die

Förderung der Schulfähigkeit. Gerade letzteres, die Förderung der Schulfähigkeit, ist für die inklusive Gestaltung des Übergangs relevant und umfasst nach einem ökosystemischen Verständnis neben der Förderung der kindlichen Kompetenzen auch die Anpassung der herrschenden Rahmenbedingungen (z. B. Unterstützungsstrukturen). Eine weitere Aufgabe der professionellen Akteurinnen und Akteure beim Übergang betrifft die (professionsübergreifende) Kooperation. Der Forschungsstand verweist in diesem Bereich auf Widersprüche in der Praxis: Obwohl für die Entwicklung der Kinder am wirksamsten, werden intensive Kooperationsmaßnahmen, welche die Lern- und Persönlichkeitsentwicklung der Kinder und/oder die Beteiligung der Eltern adressieren, seltener praktiziert als wenig intensive Kooperationsmaßnahmen. Zur Frage, in welchem Umfang und mit welchen Wirkungen beim Übergang von Kindern mit Beeinträchtigungen kooperiert wird, liegen bislang kaum Forschungsarbeiten vor.

5) Lütje-Klose und Urban (2014, S. 112) bezeichnen Inklusion und Kooperation als »zwei Seiten einer Medaille«, da erfolgreiche Inklusionsprozesse die Kooperation der beteiligten Professionen voraussetzten. Erörtern Sie, inwieweit diese Aussage für Kooperationsprozesse im Kontext des inklusiven Schuleintritts von Kindern mit Beeinträchtigungen zutrifft.

6) Erläutern Sie, wie die Schuleingangsdiagnostik und die Förderung der Schulfähigkeit durch eine Kooperation zwischen Eltern, Kindergarten, Schule und externen Unterstützungssystemen umgesetzt werden kann. Gehen Sie auch auf die Rolle ein, die das Kind in diesem Zusammenhang spielt.

Weiterführende Literatur

Albers, T. & Lichtblau, M. (2014). *Inklusion und Übergang von der Kita in die Grundschule: Kompetenzen pädagogischer Fachkräfte. Eine Expertise der Weiterbildungsinitiative Frühpädagogische Fachkräfte (WiFF)*. München: Deutsches Jugendinstitut e. V.

Griebel, W. & Niesel, R. (2020). *Übergänge verstehen und begleiten. Transitionen in der Bildungslaufbahn von Kindern* (6. Aufl.). Mühlheim an der Ruhr: Cornelsen.

Pohlmann-Rother, S., Franz, U. & Lange, S. D. (Hrsg.). (2020). *Kooperation von Kita und Grundschule. Band 1: Einblicke in die Forschung – Perspektiven für die Praxis* (2., überarb. und erweiterte Aufl.). Köln: Carl Link.

Pohlmann-Rother, S., Lange, S. D. & Franz, U. (Hrsg.). (2020). *Kooperation von Kita und Grundschule. Band 2: Digitalisierung, Inklusion und Mehrsprachigkeit – Aktuelle Herausforderungen beim Übergang bewältigen.* Köln: Carl Link.

Pohlmann-Rother, S., Wehner, F. & Kaiser-Kratzmann, J. (in press). Transitions to Primary School: School Entry Decisions, Parents' and Teachers' Ideas about School Readiness, and Cooperation between Preschools, Primary Schools, and Parents. In S. Weinert, H.-G. Roßbach, J. von Maurice, H.-P. Blossfeld & C. Artelt (Eds.), *Educational processes, decisions, and the development of competencies from early preschool age to adolescence: Findings from the BiKS cohort panel studies.* Reihe »Edition ZfE«. Wiesbaden: Springer.

Then, D. & Pohlmann-Rother, S. (2023b). Transition to formal schooling of children with disabilities: A systematic review. *Educational Research Review, 38,* 100492.

IV Aktuelle grundschulpädagogische Herausforderungen für die Gestaltung des Übergangs vom Kindergarten in die Grundschule

12 Grundschulpädagogische Herausforderungen und Entwicklungsperspektiven für den Übergang in die Schule

Der Eintritt ins formale Schulsystem ist eine zentrale Schnittstelle in der Bildungsbiografie junger Kinder, der vielfältige Anforderungen an alle Beteiligten stellt und Anknüpfungspunkte für die grundschulpädagogische Disziplinentwicklung birgt – insbesondere im Kontext der Inklusion. Lücken und weiterer Konkretisierungsbedarf bestehen sowohl aus einer *theoretischen* als auch einer *empirischen* Perspektive. Im Folgenden werden beide Bereiche in den Blick genommen und Anschlussstellen für die Theoriebildung (▸ Kap. 12.1) und weitere Forschungsaktivitäten (▸ Kap. 12.2) diskutiert.

12.1 Anknüpfungspunkte für die Theoriebildung

Um den Übergang in die Schule im Kontext inklusiver Bildungsbemühungen theoretisch zu rahmen, wurde im vorliegenden Band ein von der Autorin und dem Autor entwickeltes Modell zum inklusiven Übergang in die Schule vorgestellt (▸ Kap. 6). Das Potenzial des Modells besteht darin, die für den erfolgreichen Verlauf des Übergangs zentralen Akteurinnen und Akteure sowie Prozesse und Kontexte darzustellen und zu systematisieren. Dabei kann das Modell für den

Übergang von Kindern mit und ohne Beeinträchtigungen gleichermaßen als Analyserahmen genutzt werden (Then & Pohlmann-Rother, 2023b). Die Aufgabe weiterer Theoriebildung ist es, die verschiedenen Komponenten des Modells näher ins Auge zu fassen und spezifisch auszudifferenzieren. Die Prozesse, welche den erfolgreichen Verlauf des Übergangs moderieren und verschiedene Kernkonzepte der Grundschulpädagogik abdecken (z.B. adaptive Förderung und Schulfähigkeit, Kooperation und Ko-Konstruktion, Anschlussfähigkeit der Bildungsprozesse), liefern hierfür mögliche Ansatzpunkte:

a) *Adaptive Begleitung und Unterstützung des Kindes.* Eine adaptive Begleitung und Unterstützung des Kindes, die an den individuellen Bedürfnissen des Kindes ansetzt und davon ausgehend die Entwicklung passgenauer Unterstützungsangebote ermöglicht, kann den erfolgreichen Verlauf des Übergangs begünstigen. Um die Übergangsbewältigung positiv zu beeinflussen, ist es zentral, dass die Unterstützung nicht punktuell und isoliert stattfindet (Garber et al., 2023), sondern im Rahmen umfassender Fördermaßnahmen im Elementar- und Primarbereich umgesetzt wird. Dabei ist es sinnvoll, die ›Zone der nächsten Entwicklung‹ im Blick zu behalten, d.h. den Entwicklungsbereich, den das Kind erwartungsgemäß als nächstes erreichen wird und in dem es selbstständig Aufgaben wird lösen können, die es aktuell nur mit sozialer Unterstützung (z.B. durch Lehrkräfte oder Peers) bewältigen kann. Die soziokulturelle Theorie nach Wygotski (1987) bietet an dieser Stelle einen geeigneten Bezugspunkt zur weiteren theoretischen Fundierung.

Schließlich ist mit der Frage nach der adaptiven Unterstützung des Kindes auch die Frage nach der Förderung der Schulfähigkeit verbunden. Gerade im Kontext der Inklusion ist zu beachten, dass sich Schulfähigkeit nicht einseitig über Kompetenzen des Kindes definiert, sondern Merkmale der Umwelt hierfür eine bedeutende Rolle spielen (▶ Kap. 10.1.1). Ökosystemische Modelle der Schulfähigkeit (z.B. Griebel & Niesel, 2004; Nickel, 1990) sind in diesem Zusammenhang deshalb von besonderer Bedeutung.

b) *Interaktionen zwischen dem Kind und seinen Peers.* Die Peers sind relevante Akteurinnen und Akteure im Übergang, da sie die Übergangsbewältigung des Kindes durch entsprechende Verhaltensweisen erleichtern oder erschweren können. Zudem gilt Peer-Akzeptanz selbst als bedeutender Indikator einer gelungenen Übergangsbewältigung. Ein möglicher Ansatz, um die Rolle der Peers im Übergang zu bestimmen, ist das Resilienzkonzept. Positive Peer-Kontakte sind demzufolge ein wichtiger Schutzfaktor für die kindliche Entwicklung (Fröhlich-Gildhoff & Rönnau-Böse, 2019) und für die Entwicklung im Übergang daher ebenfalls relevant. Auch die soziokulturelle Theorie nach Wygotski (1987) bietet einen passenden Rahmen, um die Rolle der Peers für die Entwicklung allgemein und übergangsbegleitende Entwicklungsprozesse im Speziellen zu beschreiben. Nach Wygotski (1987) wirken sich Interaktionen mit (sozial, kognitiv etc.) kompetenteren Peers förderlich auf die kindliche Entwicklung aus. Den Übergang mit (sozial, kognitiv etc.) kompetenteren Peers zu bestreiten, kann die Übergangsbewältigung von Kindern folglich begünstigen. Für den inklusiven Übergang bedeutet dies, dass Kinder mit Beeinträchtigungen vom Übergang in die Grundschule eher profitieren als vom Übergang in die Förderschule, da der Übergang in die Grundschule mit höherer Wahrscheinlichkeit von (sozial, kognitiv etc.) kompetenteren Peers begleitet wird als der Übergang in die Förderschule (zumindest in ausgewählten Förderschwerpunkten).

c) *Unterstützung und Einbezug der Eltern in den Übergang.* Die Rolle der Eltern als Akteurinnen und Akteure sowie Adressatinnen und Adressaten von Unterstützung im Übergang ist äußerst komplex. Um die Elternbeteiligung adäquat darstellen zu können, ist deshalb der Rückgriff auf spezifische Modelle nötig. Verschiedene Modi der Elternbeteiligung lassen sich beispielsweise aus dem Modell von Grolnick und Slowiaczek (1994) lesen und auf die elterliche Beteiligung im Übergang beziehen (▶ Kap. 9.2.1). Konkrete Formen der Elternbeteiligung können aus der ›Theory of Overlapping Spheres of Influence‹ nach Epstein (1996) bzw. Epstein et al. (2019) abgeleitet werden. Dieses Modell fußt auf der Annahme, dass schulische Bildungsprozesse von drei verschiedenen, sich überlappenden Sphären (Familie,

Schule und Gemeinschaft) beeinflusst werden. Positive Beziehungen zwischen diesen Sphären fördern den Bildungserfolg eines Kindes. Die Beteiligung der Eltern an Bildungsprozessen kann in diesem Kontext sechs verschiedene Formen annehmen, z. B. Kommunikation zwischen Schule und Familie oder Einbindung der Eltern in schulische Entscheidungsprozesse. Das Modell ist im Diskurs weit verbreitet und wird – obwohl für den schulischen Kontext entwickelt – u. a. auch verwendet, um Elternbeteiligung in vorschulischen Einrichtungen zu bestimmen (Betz, Bischoff, Eunicke, Kayser & Zink, 2017). Gleichzeitig eignet sich das Modell, um die Elternbeteiligung beim Schuleintritt auszudifferenzieren. Denkbar ist beispielsweise, einschulungsbezogene Beratungsgespräche mit den Eltern in Kindertageseinrichtungen als Variante der Kommunikation zwischen Eltern und Bildungsinstitution zu analysieren. Die Formen der Elternbeteiligung, die im Kontext des inklusiven Übergangs stattfinden, könnten mithilfe des Modells von Epstein (1996) bzw. Epstein et al. (2019) ebenfalls konzeptualisiert werden. Die hierfür notwendige Adaption der Formen an die Besonderheiten inklusiver Übergänge bzw. die Besonderheiten der Elternbeteiligung in diesem Kontext steht derzeit aber noch aus. Außerdem ist noch zu bestimmen, welche Rolle die Eltern im komplexen Kooperationsgefüge einnehmen, welches zwischen den professionellen Akteurinnen und Akteuren beim inklusiven Übergang besteht (vgl. nächster Punkt).

d) *Multiprofessionelle Kooperation.* Der Übergang in die Schule erfordert die Kooperation verschiedener Professionen, wozu neben den Fachkräften der vorschulischen und den Lehrkräften der schulischen Einrichtungen auch externes Unterstützungspersonal zählt (Albers & Lichtblau, 2014). Bislang liegt jedoch kein Kooperationsmodell vor, welches die Kooperationsaktivitäten aller beteiligten Professionen dezidiert in den Blick nimmt und in eine sinnvolle Beziehung zur Rolle der Eltern (oder Kinder) als potenzielle Kooperationsbeteiligte setzt. Das Verhältnis der Übergangsbeteiligten in der Kooperation theoretisch fundiert bestimmen zu können, ist für die erfolgreiche Gestaltung der Kooperation und – nicht zuletzt in Anbetracht der Bedeutung, welche der Kooperation gerade im Kontext der Inklusion zukomnt (Sands & Meadan, 2022) – auch für die erfolgreiche Gestaltung des Übergangs wichtig. Deshalb besteht Bedarf, ein solches Kooperationsmodell zu formulieren und theoretisch zu begründen. Den Ausgangspunkt kann beispielsweise das Verständnis des Übergangs als ko-konstruktiver Prozess (Griebel & Niesel, 2020) bilden.

e) *Abstimmung zwischen Elementar- und Primarbereich.* Anschlussfähigkeit und Kontinuität gelten als zentrale Bedingungen, um kindliche Bildungsverläufe über Bildungsstufen hinweg erfolgreich zu gestalten. Dennoch ist das Konstrukt Anschlussfähigkeit bislang weder systematisch noch theoretisch fundiert konzeptualisiert. Auch welche Merkmale das Konzept der Kontinuität kennzeichnen, ist bislang nicht einheitlich geklärt (Boyle, Petriwskyj & Grieshaber, 2018). Das *Verhältnis* beider Konzepte scheint bei näherer Betrachtung ebenfalls theoretisch unterbestimmt. So wird Kontinuität (›continuity‹) in der Tradition John Deweys (1938) als Verknüpfung aktueller (Lern-)Erfahrungen mit rückliegenden Erfahrungen (Dockett & Einarsdóttir, 2017) sowie Weitung bzw. Vertiefung künftiger (Lern-)Erfahrungen beschrieben. In diesem Sinne gilt es als zentrales Moment pädagogischer Erfahrung (Noddings, 1991). Anschlussfähigkeit (›connectivity‹ bzw. ›connections‹) erscheint dagegen primär als Strukturmerkmal, welches Kontinuität ermöglicht, fördert und unterstützt. Mangione und Speth (1998) beispielsweise nennen Anschlussmöglichkeiten (›connections‹) zwischen Familie, Gemeinschaft und Bildungssettings als Voraussetzung für Kontinuität. Da Anschlussfähigkeit aus einer grundschulpädagogischen Perspektive nicht allein die strukturelle Anschlussfähigkeit der Institutionen, sondern auch die Anschlussfähigkeit kindlicher Entwicklungsprozesse meint (▶ Kap. 1), ist jedoch fraglich, inwieweit das Konzept dadurch angemessen beschrieben ist. Zudem stellt sich die Frage, welche Rolle Diskontinuitäten in diesem Kontext einnehmen und ob es generell zielführend ist, Diskontinuitäten als Gegenpol zu Kontinuitäten zu sehen (oder nicht vielmehr als deren Komplementär). Da Diskontinuitäten für die kindliche Entwicklung von großer Bedeutung sind (Wilder & Lillvist, 2018), wäre eine genaue Bestimmung an dieser Stelle geboten.

12.2 Perspektiven für die Forschung

Neben dem Bedarf an theoretischer Fundierung bestehen mit Blick auf den Schuleintritt auch diverse Forschungsdesiderate, die sowohl den Übergang allgemein als auch den inklusiven Übergang von Kindern mit Beeinträchtigungen[4] betreffen. Welche Desiderate u. a. existieren, lässt sich entlang der Akteurinnen und Akteure beschreiben, die im Übergang eine Rolle spielen:

a) *Kind.* Die rückliegenden Ausführungen zeigen, dass zu den Schutzfaktoren für Kinder im Übergang Evidenz vorliegt. Auch zur kindlichen Übergangsbewältigung selbst existieren eine Reihe an Forschungsarbeiten, deren Ergebnisse aufgrund methodischer Unterschiede aber teilweise voneinander abweichen. Entsprechend besteht Bedarf an Studien zur Übergangsbewältigung, die in ihrem methodischen Vorgehen aufeinander abgestimmt sind und so hinreichend vergleichbare Befunde liefern. Mit Blick auf den *inklusiven* Übergang wäre weitere Forschung zur Übergangsbewältigung von Kindern mit Beeinträchtigungen geboten. Ein Augenmerk könnte beispielsweise darauf liegen, welche sozialen und institutionellen Schutzfaktoren (z.B. Unterstützungsangebote) an dieser Stelle relevant sind und wie, für welche Kinder (mit welchen Beeinträchtigungen) und unter welchen Bedingungen diese *im Detail* wirksam werden. Vorliegende Forschungsarbeiten vermitteln hierzu bereits einen ersten Eindruck (z.B. Daley et al., 2011). Auch die Frage, wie erfolgreich Gruppen von Kindern den Übergang bewältigen, die aufgrund weiterer Heterogenitätsmerkmale (z.B. nicht-deutsche Erstsprache) besonders von Benachteiligung beim Schuleintritt bedroht sind, könnte im Mittelpunkt weiterer Forschungsbemühungen stehen.

---

4 Eine dezidierte Auflistung aktueller Forschungsdesiderate speziell beim Schuleintritt von Kindern mit Beeinträchtigungen können dem Beitrag von Then und Pohlmann-Rother (2023b) entnommen werden.

b) *Eltern.* Forschungsdesiderate, die mit Blick auf die Eltern beim Übergang bestehen, betreffen sowohl Eltern von Kindern ohne Beeinträchtigungen als auch Eltern von Kindern mit Beeinträchtigungen. Wie Eltern *generell* den Übergang von Eltern eines Kindergartenkindes zu Eltern eines Schulkindes bewältigen, ist bislang beispielsweise nur in Ansätzen empirisch geklärt (z. B. Wildgruber et al., 2017). Forschungsbedarf zu Eltern beim *inklusiven* Übergang besteht zum einen in Bezug auf die Rolle der Eltern als Akteurinnen und Akteure im Übergang, zum anderen in Bezug auf die Rolle der Eltern als Adressatinnen und Adressaten von übergangsbegleitender Unterstützung. Werden die Eltern als Akteurinnen und Akteure in den Blick genommen, ist u. a. zu fragen, welche Rolle sie in den Kooperationsnetzwerken zwischen Fachkräften, Lehrkräften und Mitarbeiterinnen bzw. Mitarbeitern externer Unterstützungssysteme einnehmen. Wie das Verhältnis der Eltern zu den professionellen Akteurinnen und Akteuren im Kontext der Inklusion gestaltet ist und gestaltet sein sollte, ist somit nicht nur theoretisch zu bestimmen (▶ Kap. 12.1), sondern auch empirisch zu klären. Werden Eltern von Kindern mit Beeinträchtigungen als Adressatinnen und Adressaten von Unterstützung in den Blick genommen, stellt sich ebenfalls die Frage, wie die Eltern den eigenen Übergang von Eltern eines Kindergartenkindes zu Eltern eines Schulkindes bewältigen.

c) *Pädagoginnen und Pädagogen sowie externes Unterstützungspersonal.* Zur Rolle und Aufgabe der frühpädagogischen Fachkräfte, Lehrkräfte und des externen Unterstützungspersonals beim Übergang existiert ebenfalls Bedarf an weiterer Forschung. *Generell* mangelt es an groß angelegten Studien, welche die Diagnosepraxis am Schulanfang fokussieren und einen umfassenden Eindruck davon vermitteln, wie die Schuleingangsdiagnostik in Deutschland abläuft. Vorliegende Befunde erlauben punktuelle Einblicke und legen dabei nahe, dass informelle Diagnoseverfahren am verbreitetsten sind (Schipper & Pohlmann-Rother, 2013). Hier wäre zu fragen, wie diese Verfahren konkret gestaltet sind und wie die Pädagoginnen und Pädagogen dabei unterstützt werden könnten, Instrumente mit möglichst hoher diagnostischer Qualität zu konzipieren. Um die Bedeutung multiprofessioneller Kooperationsprozesse beim Übergang fundierter bestimmen zu können, wären auch weitere Forschungsarbeiten zur Wirkung der Kooperation zwischen Kindergarten und Grundschule allgemein sinnvoll. Neben der Wirkung der Kooperation auf die Entwicklung der Kinder im Übergang könnte z.B. die Bedeutung für die Eltern oder die Relevanz der Kooperation für die professionelle Entwicklung oder das Selbstverständnis der Pädagoginnen und Pädagogen sowie des externen Fachpersonals analysiert werden. Mit Blick auf den *inklusiven* Übergang besteht ebenfalls Forschungsbedarf zur aktuellen Diagnosepraxis am Schulanfang. Ein besonderes Augenmerk könnte dabei auf der Frage liegen, wie die Pädagoginnen und Pädagogen bei der Konzeption von Diagnoseverfahren begleitet werden könnten, die explizit die Bedürfnisse von Kindern mit spezifischen Unterstützungsbedarfen adressieren. Auch die Wirkung von (mehr oder weniger individualisierten) Kooperationsmaßnahmen auf die Entwicklung und schulische Anpassung von Kindern mit Beeinträchtigungen könnte umfassender beforscht und für unterschiedliche Beeinträchtigungsformen spezifiziert werden.

Insgesamt wird deutlich, dass die Forschung zum Übergang vom Kindergarten in die Grundschule trotz umfassender Aktivitäten in der Vergangenheit noch immer zahlreiche Leerstellen aufweist – insbesondere im Kontext der Inklusion als aktuelle gesellschaftliche und schulische Herausforderung. Das Ziel künftiger Forschung sollte es daher sein, gezielt bestehende Desiderate, wie sie hier konkretisiert wurden, grundschulpädagogisch zu adressieren. So können sowohl durch empirische Forschungsarbeiten als auch die theoretische Auseinandersetzung mit diesen Fragestellungen wichtige Beiträge zu dieser zentralen Schnittstelle im Bildungsverlauf geleistet werden.

Anhang

Literaturverzeichnis

Abry, T., Latham, S., Bassok, D. & LoCasale Crouch, J. (2015). Preschool and kindergarten teachers' beliefs about early school competences: Misalignment matters for kindergarten adjustment. *Early Childhood Research Quarterly, 31,* 78–88.

Ahtola, A., Silinskas, G., Poikonen, P.-L., Kontoniemi, M., Niemi, P. & Nurmi, J.-E. (2011). Transition to formal schooling: Do transition practices matter for academic performance? *Early Childhood Research Quarterly, 26,* 295–302.

Albers, T. & Lichtblau, M. (2014). *Inklusion und Übergang von der Kita in die Grundschule: Kompetenzen pädagogischer Fachkräfte. Eine Expertise der Weiterbildungsinitiative Frühpädagogische Fachkräfte (WiFF).* München: Deutsches Jugendinstitut e.V. Verfügbar unter: https://www.weiterbildungsinitiative.de/fileadmin/Redaktion/Publikationen/old_uploads/media/Exp_Albers_Lichtblau_web.pdf

Albers, T. & Lichtblau, M. (2020). Transitionsprozesse im Kontext von Inklusion – Theoretische und empirische Zugänge zur Gestaltung des Übergangs vom Elementar- in den Primarbereich. In S. Pohlmann-Rother, S. D. Lange & U. Franz (Hrsg.), *Kooperation von KiTa und Grundschule. Band 2: Digitalisierung, Inklusion und Mehrsprachigkeit – Aktuelle Herausforderungen beim Übergang bewältigen* (S. 198–225). Köln: Carl Link.

Anders, Y. (2013). Stichwort: Auswirkungen frühkindlicher institutioneller Betreuung und Bildung. *Zeitschrift für Erziehungswissenschaft, 16*(2), 237–275.

Anders, Y., Roßbach, H.-G., Weinert, S., Ebert, S., Kuger, S., Lehrl, S. et al. (2012). Home and preschool learning environments and their relations to the development of early numeracy skills. *Early Childhood Research Quarterly, 27*(2), 231–244.

Andresen, S., Seddig, N. & Künstler, S. (2013). Schulfähigkeit des Kindes und Befähigung der Eltern. Empirische und normative Erwartung an die »Einschulung« der Familie. *bildungsforschung, 10*(1), 45–63.

Autorengruppe Bildungsberichterstattung. (2022). *Bildung in Deutschland 2020. Ein indikatorengestützter Bericht mit einer Analyse zum Bildungspersonal.* Bielefeld: wbv.

Bayerisches Staatsministerium für Arbeit und Sozialordnung, Familie und Frauen & Staatsinstitut für Frühpädagogik München (2019). *Der Bayerische Bildungs-*

und Erziehungsplan für Kinder in Tageseinrichtungen bis zur Einschulung. Berlin: Cornelsen.

Becker, R. (2016). Chancenungleichheit bei der Einschulung und in der Primarstufe. Theoretische Überlegungen und empirische Evidenzen. *Zeitschrift für Grundschulforschung, 9*(1), 7–19.

Beelmann, W. (2006). *Normative Übergänge im Kindesalter. Anpassungsprozesse beim Eintritt in den Kindergarten, in die Grundschule und in die weiterführende Schule.* Hamburg: Verlag Dr. Kovac.

Bellenberg, G. (1999). *Individuelle Schullaufbahnen. Eine empirische Untersuchung über Bildungsverläufe von der Einschulung bis zum Abschluß.* Weinheim, München: Juventa.

Betz, T., Bischoff, S., Eunicke, N., Kayser, L. B. & Zink, K. (2017). *Partner auf Augenhöhe? Forschungsbefunde zur Zusammenarbeit von Familien, Kitas und Schulen mit Blick auf Bildungschancen.* Gütersloh: Bertelsmann Stiftung.

Boudon, R. (1974). *Education, opportunity, and social inequality. Changing prospects in western society.* New York: Wiley & Sons.

Boyle, T., Petriwskyj, A. & Grieshaber, S. (2018). Reframing transitions to school as continuity practices: the role of practice architectures. *Australian Educational Researcher, 45*(4), 419–434.

Bronfenbrenner, U. & Morris, P. A. (2006). The Bioecological Model of Human Development. In R. M. Lerner (Hrsg.), *Handbook of Child Psychology. Volume 1: Theoretical Models of Human Development* (6. Aufl., S. 793–828). New York: Wiley.

Bronfenbrenner, U. (1979). *The Ecology of Human Development. Experiments by Nature and Design.* Cambridge, Mass.: Havard University Press.

Burgmaier, F. & Lankes, E.-M. (2017). Sonderpädagogische Förderung von Grundschulkindern mit Migrationshintergrund in Bayern. *Zeitschrift für Bildungsverwaltung, 33*(2), 57–65.

Carle, U. & Samuel, A. (2007). *Frühes Lernen - Kindergarten und Grundschule kooperieren. Kindergarten und Grundschule gestalten den Schulanfang.* Baltmannsweiler: Schneider-Verlag Hohengehren.

Carlson, E., Daley, T. C., Bitterman, A., Heinzen, H., Keller, B., Markowitz, J. et al. (2009). *Early School Transitions and the Social Behavior of Children with Disabilities: Selected Findings from the Pre-Elementary Education Longitudinal Study.* Rockville, MD: U.S. Department of Education.

Chadwick, D. & Kemp, C. (2002). Critical Factors of Successful Transition to Mainstream Kindergarten for Children with Disabilities. *Australasian Journal of Special Education, 26*(182), 48–66.

Cimeli, P., Neuenschwander, R., Röthlisberger, M. & Roebers, C. M. (2013). Das Selbstkonzept von Kindern in der Schuleingangsphase. Ausprägung und

Struktur sowie Zusammenhänge mit frühen kognitiven Leistungsindikatoren. *Zeitschrift für Entwicklungspsychologie und Pädagogische Psychologie, 45*(1), 1–13.

Cloos, P., Schulz, M., Urban, M. & Werning, R. (2015). Potenziale zur Gestaltung des Übergangs vom Kindergarten in die Grundschule: Prozessorientierte Verfahren der Bildungsdokumentation in inklusiven Settings. In M. Urban, M. Schulz, K. Meser & S. Thoms (Hrsg.), *Inklusion und Übergang. Perspektiven der Vernetzung von Kindertageseinrichtungen und Grundschulen* (S. 79–104). Bad Heilbrunn: Klinkhardt.

Connolly, M. & Gersch, I. (2016). Experiences of parents whose children with autism spectrum disorder (ASD) are starting primary school. *Educational Psychology in Practice, 32*(3), 245–261.

Cook, K. D. & Coley, R. L. (2017). School Transition Practices and Children's Social and Academic Adjustment in Kindergarten. *Journal of Educational Psychology, 109*(2), 166–177.

Correia, K. & Marques-Pinto, A. (2016). Adaptation in the transition to school: perspectives of parents, preschool and primary school teachers. *Educational Research, 58*(3), 247–264.

Daley, T. C., Munk, T. & Carlson, E. (2011). A national study of kindergarten transition practices for children with disabilities. *Early Childhood Research Quarterly, 26*, 409–419.

Deci, E. L. & Ryan, R. M. (1993). Die Selbstbestimmungstheorie der Motivation und ihre Bedeutung für die Pädagogik. *Zeitschrift für Pädagogik, 39*(2), 223–238.

Deluca, M. & Stillings, C. (2008). Targeting Resources to Students with Special Educational Needs: national differences in policy and practice. *European Educational Research Journal, 7*(3), 371 385.

Denner, L. & Schumacher, E. (2014). *Übergänge in Schule und Lehrerbildung. Theorie - Übergangsdidaktik - Praxis*. Stuttgart: Kohlhammer.

Deutscher Bildungsrat (1970). *Strukturplan für das Bildungswesen. Verabschiedet auf der 27. Sitzung der Bildungskommission am 13. Februar 1970*. Bonn: Deutscher Bildungsrat.

Dewey, J. (1938). *Experience and Education*. New York: Macmillan.

Diehm, I. (2008). Kindergarten und Grundschule – Zur Strukturdifferenz zweier Erziehungs- und Bildungsinstitutionen. In W. Helsper & J. Böhme (Hrsg.), *Handbuch der Schulforschung* (2., erweiterte u. durchgesehene Aufl., S. 557–575). Wiesbaden: VS Verlag für Sozialwissenschaften.

Dockett, S. & Einarsdóttir, J. (2017). Continuity and Change as Children Start School. In N. Ballam, B. Perry & A. Garpelin (Hrsg.), *Pedagogies of Educational Transitions. European and Antipodean Research* (S. 133–150). Cham: Springer.

Dockett, S. & Perry, B. (2004). Starting school. Perspectives of Australian children, parents and educators. *Journal of Early Childhood Research, 2*(2), 171–189.

Dockett, S. & Perry, B. (2009). Readiness for school: A relational construct. *Australasian Journal of Early Childhood, 34*(1), 20–26.

Dockett, S., Perry, B., Kearney, E., Hampshire, A., Mason, J. & Schmied, V. (2011). *Facilitating children's transition to school from families with complex support needs.* Albury: Research Institute for Professional Practice, Learning and Education, Charles Sturt University.

Dorrance, C. (2010). *Barrierefrei vom Kindergarten in die Schule? Eine Untersuchung zur Kontinuität von Integration aus Sicht betroffener Eltern.* Bad Heilbrunn: Klinkhardt.

Duncan, G. J., Dowsett, C. J., Claessens, A., Magnuson, K., Huston, A. C., Klebanov, P. et al. (2007). School Readiness and Later Achievement. *Developmental Psychology, 43*(6), 1428–1446.

Dunlop, A.-W. (2007). Bridging research, policy and practice. In A.-W. Dunlop & H. Fabian (Hrsg.), *Informing transitions in the early years. Research, policy and practice* (S. 151–168). Maidenhead: McGraw-Hill/Open University Press.

Eccles, J. (1983). Expectancies, Values, and Academic Behaviors. In J. T. Spence (Hrsg.), *Achievement and Achievement Motives. Psychological and Sociological Approaches* (S. 75–146). San Francisco: W.H. Freeman and Company.

Eckerth, M. & Hanke, P. (2015). *Übergänge ressourcenorientiert gestalten: Von der KiTa in die Grundschule.* Stuttgart: Kohlhammer.

Eckerth, M., Hein, A. K. & Hanke, P. (2011). Analysen der sozial-emotionalen Entwicklung von Kindern im Übergang von der Kita zur Grundschule am Beispiel des Selbstkonzepts der Schulfähigkeit – Ergebnisse aus dem FiS-Projekt. In D. Kucharz, T. Irion & B. Reinhoffer (Hrsg.), *Grundlegende Bildung ohne Brüche* (S. 91–94). Wiesbaden: VS Verlag für Sozialwissenschaften.

Edelmann, D. (2020). Übergänge in den Kindergarten und in die Primarschule aus Sicht der Kindergartenlehrpersonen. In E. Wannack & S. Beeli-Zimmermann (Hrsg.), *Der Kindergarten im Fokus. Empirische und pädagogische Einblicke* (S. 102–111). Bern: hep-Verlag.

Einsiedler, W. (2014). Grundlegende Bildung. In W. Einsiedler, M. Götz, A. Hartinger, F. Heinzel, J. Kahlert & U. Sandfuchs (Hrsg.), *Handbuch Grundschulpädagogik und Grundschuldidaktik* (4., ergänzte und aktual. Aufl., S. 225–233). Bad Heilbrunn: Klinkhardt.

Einsiedler, W. (2015). *Geschichte der Grundschulpädagogik. Entwicklungen in Westdeutschland und in der DDR.* Bad Heilbrunn: Klinkhardt.

Epstein, J. L. (1996). Perspectives and Previews on Research for School, Family, and Community Partnerships. In A. Booth & J. F. Dunn (Hrsg.), *Family-School*

Links. How Do They Affect Educational Outcomes? (S. 209-246). Mahwah, New Jersey: Lawrence Erlbaum Associates.

Epstein, J. L., Sanders, M. G., Simon, B. S., Salinas, K. C., Rodriguez Jansorn, N., VanVoorhis, F. L. et al. (2019). *School, family, and community partnerships. Your handbook for action* (4. Aufl.). Thousand Oaks, California: Corwin.

Esser, H. (1999). *Soziologie. Spezielle Grundlagen. Band 1: Situationslogik und Handeln.* Frankfurt a. M.: Campus Verlag.

Faust, G. (2006). Zum Stand der Einschulung und der neuen Schuleingangsstufe in Deutschland. *Zeitschrift für Erziehungswissenschaft, 9*(3), 328-347.

Faust, G. (2008). Übergänge gestalten – Übergänge bewältigen. Zum Übergang vom Kindergarten in die Grundschule. In W. Thole, H.-G. Roßbach, M. Fölling-Albers & R. Tippelt (Hrsg.), *Bildung und Kindheit. Pädagogik der Frühen Kindheit in Wissenschaft und Lehre* (S. 225-240). Opladen: Budrich.

Faust, G. (2013). Forschungsstand zur Einschulung und Beitrag der BiKS-Einschulungsuntersuchungen. In G. Faust (Hrsg.), *Einschulung. Ergebnisse aus der Studie »Bildungsprozesse, Kompetenzentwicklung und Selektionsentscheidungen im Vorschul- und Schulalter (BiKS)«* (S. 9-31). Münster: Waxmann.

Faust, G., Kluczniok, K. & Pohlmann, S. (2007). Eltern vor der Entscheidung über vorzeitige Einschulung. *Zeitschrift für Pädagogik, 53*(4), 462-476.

Faust, G., Kratzmann, J. & Wehner, F. (2012). Schuleintritt als Risiko für Schulanfänger? *Zeitschrift für Pädagogische Psychologie, 26*(3), 197-212.

Faust, G. & Roßbach, H.-G. (2014). Herkunft und Bildungserfolg beim Übergang vom Kindergarten in die Grundschule. *Zeitschrift für Erziehungswissenschaft, 17*(Suppl. 2), 119-140.

Faust, G., Wehner, F. & Kratzmann, J. (2011). Zum Stand der Kooperation von Kindergarten und Grundschule. Maßnahmen und Einstellungen der Beteiligten. *Journal for Educational Research Online, 3*(2), 38-61.

Faust-Siehl, G., Garlichs, A., Ramseger, J., Schwarz, H. & Warm, U. (1996). *Die Zukunft beginnt in der Grundschule. Empfehlungen zur Neugestaltung der Primarstufe.* Frankfurt a. M.: Arbeitskreis Grundschule.

Filipp, S.-H. (1995). Ein allgemeines Modell für die Analyse kritischer Lebensereignisse. In S.-H. Filipp (Hrsg.), *Kritische Lebensereignisse* (S. 3-52). Weinheim: Psychologie Verlags Union.

Flender, J. (2009). Welche Fertigkeiten der Kinder halten Erzieherinnen und Lehrerinnen beim Übergang vom Kindergarten zur Grundschule für wichtig? In D. Wenzel, G. Koeppel & U. Carle (Hrsg.), *Kooperation im Elementarbereich. Eine gemeinsame Ausbildung für Kindergarten und Grundschule* (S. 196-208). Baltmannsweiler: Schneider-Verlag Hohengehren.

Fröhlich-Gildhoff, K. & Rönnau-Böse, M. (2019). *Resilienz* (5., aktual. Aufl.). München: Ernst Reinhardt Verlag.

Fröse, S., Mölders, R. & Wallrodt, W. (1986). *Das Kieler Einschulungsverfahren.* Weinheim: Beltz.

Garber, K. L., Foster, T. J., Little, M. J., Cohen-Vogel, L., Bratsch-Hines, M. & Burchinal, M. R. (2023). Transition Practices of Rural Pre-K and Kindergarten Teachers and Their Relations to Children's Academic and Social Skills. *Early Education and Development, 34*(2), 426–448.

Gasterstädt, J., Kistner, A. & Adl-Amini, K. (2020). Die Feststellung sonderpädagogischen Förderbedarfs als institutionelle Diskriminierung? Eine Analyse der schulgesetzlichen Regelungen. *Zeitschrift für Inklusion*, (4). Verfügbar unter: https://www.inklusion-online.net/index.php/inklusion-online/article/view/551/426

Geiling, U., Liebers, K. & Prengel, A. (2015). *Handbuch ILEA T. Individuelle Lern-Entwicklungs-Analyse im Übergang. Pädagogische Diagnostik als verbindendes Instrument zwischen frühpädagogischen Bildungsdokumentationen und individuellen Lernstandsanalysen im Anfangsunterricht.* Halle: Martin-Luther-Universität Halle-Wittenberg.

Gold, A., Duzy, D., Rauch, W. A. & Murcia, C. Q. (2012). Relatives Lebensalter und die Entwicklung schulischer Leistungen. *Zeitschrift für Bildungsforschung, 2*(3), 193–208.

Götz, M. (2014). Schuleingangsstufe. In W. Einsiedler, M. Götz, A. Hartinger, F. Heinzel, J. Kahlert & U. Sandfuchs (Hrsg.), *Handbuch Grundschulpädagogik und Grundschuldidaktik* (4., ergänzte und aktual. Aufl., S. 82–92). Bad Heilbrunn: Klinkhardt.

Götz, M. & Sandfuchs, U. (2014). Geschichte der Grundschule. In W. Einsiedler, M. Götz, A. Hartinger, F. Heinzel, J. Kahlert & U. Sandfuchs (Hrsg.), *Handbuch Grundschulpädagogik und Grundschuldidaktik* (4., ergänzte und aktual. Aufl., S. 32–45). Bad Heilbrunn: Klinkhardt.

Gräsel, C., Fußangel, K. & Pröbstel, C. (2006). Lehrkräfte zur Kooperation anregen – eine Aufgabe für Sisyphos? *Zeitschrift für Pädagogik, 52*(2), 205–219.

Graßhoff, G., Ullrich, H., Binz, C., Pfaff, A. & Schmenger, S. (2013). *Eltern als Akteure im Prozess des Übergangs vom Kindergarten in die Grundschule.* Wiesbaden: Springer VS.

Greenburg, J. E. & Winsler, A. (2020). Delayed kindergarten entry among low-income, ethnically diverse children: Prevalence, predictors, and selection patterns. *Early Childhood Research Quarterly, 53*, 496–506.

Griebel, W. & Niesel, R. (2004). *Transitionen. Fähigkeit von Kindern in Tageseinrichtungen fördern, Veränderungen erfolgreich zu bewältigen.* Weinheim: Beltz.

Griebel, W. & Niesel, R. (2020). *Übergänge verstehen und begleiten. Transitionen in der Bildungslaufbahn von Kindern* (6. Aufl.). Mühlheim an der Ruhr: Cornelsen.

Griebel, W., Wildgruber, A., Held, J., Schuster, A. & Nagel, B. (2013). Partizipation im Übergangsmanagement von Kitas und Schulen: Eltern als Ressource. *bildungsforschung, 10*(1), 26–44.

Grissmer, D., Grimm, K. J., Aiyer, S. M., Murrah, W. M. & Steele, J. S. (2010). Fine Motor Skills and Early Comprehension of the Word: Two New School Readiness Indicators. *Developmental Psychology, 46*(5), 1008–1017.

Grolnick, W. S. & Slowiaczek, M. L. (1994). Parents' Involvement in Children's Schooling: A Multidimensional Conceptualization and Motivational Model. *Child Development, 65*(1), 237–252.

Grotz, T. (2005). *Die Bewältigung des Übergangs vom Kindergarten in die Grundschule. Zur Bedeutung kindbezogener, familienbezogener und institutionsbezogener Schutz- und Risikofaktoren.* Hamburg: Verlag Dr. Kovac.

Hacker, H. (2014). Die Anschlussfähigkeit von Kindertagesstätte und Grundschule. In W. Einsiedler, M. Götz, A. Hartinger, F. Heinzel, J. Kahlert & U. Sandfuchs (Hrsg.), *Handbuch Grundschulpädagogik und Grundschuldidaktik* (4., ergänzte und aktual. Aufl., S. 262–266). Bad Heilbrunn: Klinkhardt.

Hanke, P., Backhaus, J. & Bogatz, A. (2013). *Den Übergang gemeinsam gestalten. Kooperation und Bildungsdokumentation im Übergang von der Kindertageseinrichtung in die Grundschule.* Münster: Waxmann.

Hanke, P., Eckerth, M. & Hein, A. K. (2020). Schutzfaktoren zur Unterstützung der Übergangsbewältigung von der Kindertageseinrichtung in die Grundschule. In S. Pohlmann-Rother, U. Franz & S. D. Lange (Hrsg.), *Kooperation von Kita und Grundschule. Band 1: Einblicke in die Forschung – Perspektiven für die Praxis* (2., überarb. und erweiterte Aufl., S. 73–92). Köln: Carl Link.

Havighurst, R. J. (1982). *Developmental tasks and education.* New York: Longman.

Helbig, M. & Steinmetz, S. (2021). Keine Meritokratie im Förderschulsystem? Zum Zusammenhang von demografischer Entwicklung, lokalen Förderschulstrukturen und der Wahrscheinlichkeit, eine Förderschule zu besuchen. *Zeitschrift für Soziologie, 50*(3–4), 241–258.

Hirner, V. (2012). *Kinder mit Lernstörungen und Behinderungen in integrativen Schulen oder in Sonderschulen? Sichtweise von Eltern und Fachleuten.* Dissertation. Universitätsklinikum Ulm, Ulm.

Hong, G. & Yu, B. (2007). Early-Grade Retention and Children's Reading and Math Learning in Elementary Years. *Education Evaluation and Policy Analysis, 29*(4), 239–261.

Hong, G. & Yu, B. (2008). Effect of Kindergarten Retention on Children's Social-Emotional Development: An Application of Propensity Score Method to Multivariate, Multilevel Data. *Developmental Psychology, 44*(2), 407–421.

Hughes, C., White, N., Foley, S. & Devine, R. T. (2018). Family support and gains in school readiness: A longitudinal study. *British Journal of Educational Psychology, 88*(2), 284–299.

Jaekel, J., Strauss, V. Y.-C., Johnson, S., Gilmore, C. & Wolke, D. (2015). Delayed school entry and academic performance: a natural experiment. *Developmental Medicine & Child Neurology, 57*(7), 652–659.

Jansen, H., Mannhaupt, G., Marx, H. & Skowronek, H. (1999). *Bielefelder Screening zur Früherkennung von Lese-Rechtschreibschwierigkeiten (BISC)*. Göttingen: Hogrefe.

Janus, M. (2011). Impact of Impairment on Children with Special Needs at School Entry: Comparison of School Readiness Outcomes in Canada, Australia, and Mexico. *Exceptionality Education International, 21*(2), 29–44.

Janus, M., Kopechanski, L., Cameron, R. & Hughes, D. (2008). In Transition: Experiences of Parents of Children with Special Needs at School Entry. *Early Childhood Education Journal, 35*(5), 479–485.

Janus, M. & Siddiqua, A. (2018). Challenges for Children With Special Health Needs at the Time of Transition to School. In Information Resources Management Association (Hrsg.), *Autism Spectrum Disorders: Breakthroughs in Research and Practice* (S. 339–371). Hershey, PA: IGI Global.

Jeon, H.-J., Peterson, C. A., Wall, S., Carta, J. J., Luze, G., Eshbaugh, E. M. et al. (2011). Predicting School Readiness for Low-Income Children With Disability Risk Identified Early. *Exceptional Children, 77*(4), 435–452.

Jiang, H., Justice, L. M., Purtell, K. M., Lin, T.-J. & Logan, J. (2021). Prevalence and prediction of kindergarten-transition difficulties. *Early Childhood Research Quarterly, 55*, 15–23.

Jung, J. (2021). *Die Grundschule neu bestimmen. Eine praktische Theorie.* Stuttgart: Kohlhammer.

Justice, L. M., Bowles, R. P., Turnbull, K. L. P. & Skibbe, L. E. (2009). School Readiness Among Children with Varying Histories of Language Difficulties. *Developmental Psychology, 45*(2), 460–476.

Kagan, S. L. & Neuman, M. J. (1998). Lessons from Three Decades of Transition Research. *The Elementary School Journal, 98*(4), 365–379.

Kammermeyer, G. (2000). *Schulfähigkeit. Kriterien und diagnostische/prognostische Kompetenz von Lehrerinnen, Lehrern und Erzieherinnen.* Bad Heilbrunn: Klinkhardt.

Kammermeyer, G. (2014). Schulfähigkeit und Schuleingangsdiagnostik. In W. Einsiedler, M. Götz, A. Hartinger, F. Heinzel, J. Kahlert & U. Sandfuchs (Hrsg.), *Handbuch Grundschulpädagogik und Grundschuldidaktik* (4., ergänzte und aktual. Aufl., S. 295–302). Bad Heilbrunn: Klinkhardt.

Kammermeyer, G. & Martschinke, S. (2018). Schulreife und Schulfähigkeit. In D. H. Rost, J. R. Sparfeldt & S. R. Buch (Hrsg.), *Handwörterbuch Pädagogische Psychologie* (5., überarb. und erweiterte Aufl., S. 716–727). Weinheim: Beltz.

Kelle, H. (2018). Entgrenzung der vorschulischen Diagnostik. *Zeitschrift für Grundschulforschung, 11*(1), 85–100.

Kelle, H., Ott, M. & Schweda, A. (2012). Diagnostische und selektive Praktiken in flexibilisierten Einschulungsverfahren. *Zeitschrift für Grundschulforschung, 5*(1), 7–20.

Kern, A. (1951). *Sitzenbleiberelend und Schulreife. Ein psychologisch-pädagogischer Beitrag zu einer inneren Reform der Grundschule.* Freiburg: Herder.

Kiel, E. (2017). Inklusion in Theorie und empirischer Forschung – eine Debatte, die mehr verspricht als sie einhalten kann? In A. Tures & N. Neuß (Hrsg.), *Multiprofessionelle Perspektiven auf Inklusion* (S. 95–107). Opladen: Budrich.

Klicpera, C. (2005). *Elternerfahrung mit Sonderschulen und Integrationsklassen. Eine qualitative Interviewstudie zur Schulwahlentscheidung und zur schulischen Betreuung in drei österreichischen Bundesländern.* Wien: LIT Verlag.

Klicpera, C. (2007). *Erfahrungen von Eltern und Schulaufsicht mit dem Elternwahlrecht in der Entscheidung über den Unterrichtsort.* Wien: LIT Verlag.

Kluczniok, K. (2012). *Die vorzeitige Einschulung. Eine empirische Analyse zum Verlauf und zu Determinanten der Einschulungsentscheidung.* Münster: Waxmann.

Kluczniok, K., Anders, Y. & Roßbach, H. G. (2015). Der Übergang vom Kindergarten in die Grundschule aus Sicht der Eltern: Wovon hängt eine positive Bewältigung ab? *Diskurs Kindheits- und Jugendforschung, 10*(2), 129–148.

Kluczniok, K. & Roßbach, H.-G. (2020). Übergang zwischen Kindergarten und Grundschule. In P. Bollweg, J. Buchna, T. Coelen & H.-U. Otto (Hrsg.), *Handbuch Ganztagsbildung* (2., aktual. und erweiterte Aufl., S. 589–602). Wiesbaden: Springer VS.

Kormann, A., Storath, R. & Schlegel, H. (1993). Aktuelle Bestandsaufnahme der Einschulungsdiagnostik. In H.-P. Langfeldt & H.-P. Trolldenier (Hrsg.), *Pädagogisch-psychologische Diagnostik. Aktuelle Entwicklungen und Ergebnisse* (S. 45–63). Heidelberg: Roland Asanger Verlag.

Krajewski, K., Schneider, W. & Nieding, G. (2008). Zur Bedeutung von Arbeitsgedächtnis, Intelligenz, phonologischer Bewusstheit und früher Mengen-Zahlen-Kompetenz beim Übergang vom Kindergarten in die Grundschule. *Psychologie in Erziehung und Unterricht, 55*(2), 100–113.

Krapp, A. & Mandl, H. (1977). *Einschulungsdiagnostik. Eine Einführung in Probleme und Methoden der pädagogisch-psychologischen Diagnostik*. Weinheim: Beltz.

Kratzmann, J. (2011). *Türkische Familien beim Übergang vom Kindergarten in die Grundschule. Einschulungsentscheidungen in der Migrationssituation*. Münster: Waxmann.

Kratzmann, J., Faust, G. & Wehner, F. (2013). Die Bewährung der Entscheidungen im Verlauf der Grundschule. In G. Faust (Hrsg.), *Einschulung. Ergebnisse aus der Studie »Bildungsprozesse, Kompetenzentwicklung und Selektionsentscheidungen im Vorschul- und Schulalter (BiKS)«* (S. 275–288). Münster: Waxmann.

Kron, M. (2009). Übergänge von der inklusiven Kindertageseinrichtung zur Schule – Übergänge in disparaten Landschaften der Erziehung und Bildung. In U. Heimlich & I. Behr (Hrsg.), *Inklusion in der frühen Kindheit. Internationale Perspektiven* (S. 215–229). Münster: LIT Verlag.

Kron, M. (2013). Kooperation – unumgänglich zur Inklusion. Zur Zusammenarbeit von sozialpädagogischen Fachkräften und Lehrer/innen im Übergang von der Kindertageseinrichtung zur Grundschule. *Gemeinsam leben, 21*(4), 213–223.

Kron, M. & Papke, B. (2006). *Frühe Erziehung, Bildung und Betreuung von Kindern mit Behinderung. Eine Untersuchung integrativer und heilpädagogischer Betreuungsformen in Kindergärten und Kindertagesstätten*. Bad Heilbrunn: Klinkhardt.

Krüger, J. O. (2020). Die schulische Elternwahl. Auswahl an Grundschulen in privater Trägerschaft. In J. O. Krüger, A. Roch & G. Breidenstein (Hrsg.), *Szenarien der Grundschulwahl. Eine Untersuchung von Entscheidungsdiskursen am Übergang zum Primarbereich* (S. 57–70). Wiesbaden: Springer VS.

Kugler, F. & Wößmann, L. (2019). Bildungserträge. In O. Köller, M. Hasselhorn, F. W. Hesse, K. Maaz, J. Schrader, H. Solga et al. (Hrsg.), *Das Bildungswesen in Deutschland. Bestand und Potenziale* (S. 231–261). Bad Heilbrunn: Klinkhardt.

Kultusministerkonferenz (1964). *Abkommen zwischen den Ländern der Bundesrepublik zur Vereinheitlichung auf dem Gebiete des Schulwesens*. Hamburg: Kultusministerkonferenz.

Kultusministerkonferenz (1997). *Empfehlungen zum Schulanfang. Beschluß der Kultusministerkonferenz vom 24.10.1997*. Kultusministerkonferenz. Verfügbar unter: https://www.kmk.org/fileadmin/Dateien/pdf/PresseUndAktuelles/Beschluesse_Veroeffentlichungen/schulanf.pdf

Kultusministerkonferenz (2015). *Empfehlungen zur Arbeit in der Grundschule. Beschluss der Kultusministerkonferenz vom 02.07.1970 i.d.F. vom 11.06.2015*. Berlin: Kultusministerkonferenz. Verfügbar unter: https://www.kmk.org/fileadmin/veroeffentlichungen_beschluesse/1970/1970_07_02_Empfehlungen_Grundschule.pdf

Küspert, P. & Schneider, W. (2018). *Hören, lauschen, lernen. Sprachspiele für Kinder im Vorschulalter. Würzburger Trainingsprogramm zur Vorbereitung auf den Erwerb der Schriftsprache* (7., überarb. Aufl.). Göttingen: Vandenhoeck & Ruprecht.

La Paro, K. M., Pianta, R. C. & Cox, M. J. (2000). Teachers' Reported Transition Practices for Children Transitioning into Kindergarten and First Grade. *Exceptional Children, 67*(1), 7–20.

Larcombe, T. J., Joosten, A. V., Codier, R. & Vaz, S. (2019). Preparing Children with Autism for Transition to Mainstream School and Perspectives on Supporting Positive School Experiences. *Journal of Autism and Developmental Disorders, 49*(8), 3073–3088.

Lassek, M. (2022). Der Weg bis zum Schulanfang. Jedes Kind bringt eine persönliche Geschichte und eine Kindergartengeschichte mit. In M. Gutzmann & U. Carle (Hrsg.), *Anfangsunterricht - Willkommen in der Schule!* (S. 20–36). Frankfurt a. M.: Grundschulverband e. V.

Lau, E. Y. H. & Power, T. G. (2018). Parental involvement during the transition to primary school: Examining bidirectional relations with school adjustment. *Child and Youth Services Review, 88*, 257–266.

Lazarus, R. S. (1966). *Psychological Stress and the Coping Process.* New York: McGraw-Hill.

Lazarus, R. S. (1995). Streß und Streßbewältigung – Ein Paradigma. In S.-H. Filipp (Hrsg.), *Kritische Lebensereignisse* (S. 198–232). Weinheim: Psychologie Verlags Union.

Lazarus, R. S. & Folkman, S. (1984). *Stress, Appraisal and Coping.* New York: Springer.

Lehrl, S., Ebert, S., Roßbach, H.-G. & Weinert, S. (2012). Die Bedeutung der familiären Lernumwelt für Vorläufer schriftsprachlicher Kompetenzen im Vorschulalter. *Zeitschrift für Familienforschung, 24*(2), 115–133.

Liebers, K. (2011). *Zurückstellungsgründe aus der Sicht von Eltern – Ergebnisse einer Elternbefragung zum Schulanfang 2010.* Ludwigsfelde-Struveshof: Landesinstitut für Schule und Medien Berlin-Brandenburg (LISUM).

Liebers, K. (2020). Anschlussfähigkeit von Kindertagesbetreuung und Schule nachhaltig entwickeln – eine systemische Analyse. In S. Pohlmann-Rother, S. D. Lange & U. Franz (Hrsg.), *Kooperation von KiTa und Grundschule. Band 2: Digitalisierung, Inklusion und Mehrsprachigkeit - Aktuelle Herausforderungen beim Übergang bewältigen* (S. 254–282). Köln: Carl Link.

Liebers, K. (2022). Schuleingangsdiagnostik im adaptiven Anfangsunterricht. Lernen in der Zone der nächsten Entwicklung ermöglichen. In M. Gutzmann & U. Carle (Hrsg.), *Anfangsunterricht - Willkommen in der Schule!* (S. 37–48). Frankfurt a. M.: Grundschulverband e.V.

Liebers, K. & Götz, M. (2019). Schuleingangsdiagnostik im Ost-West-Vergleich in Deutschland 1949 bis 1990. *Zeitschrift für Grundschulforschung, 12*(2), 305–326.

Liebers, K. & Scheib, S. (2012). TransKiGs: Gemeinsam eine »Bildungsphilosophie« entwickeln – gemeinsam den Übergang professionell begleiten. In S. Pohlmann-Rother & U. Franz (Hrsg.), *Kooperation von KiTa und Grundschule. Eine Herausforderung für das pädagogische Personal* (S. 200–219). Köln: Carl Link.

Lillvist, A. & Wilder, J. (2017). Valued and performed or not? Teachers' ratings of transition activities for young children with learning disabilities. *European Journal of Special Needs Education, 32*(3), 422–436.

Lindmeier, C. & Lütje-Klose, B. (2015). Inklusion als Querschnittsaufgabe in der Erziehungswissenschaft. *Erziehungswissenschaft, 26*(51), 7–16.

LoCasale Crouch, J., Mashburn, A. J., Downer, J. T. & Pianta, R. C. (2008). Pre-kindergarten teachers' use of transition practices and children's adjustment to kindergarten. *Early Childhood Research Quarterly, 23*(1), 124–139.

Lütje-Klose, B. & Urban, M. (2014). Professionelle Kooperation als wesentliche Bedingung inklusiver Schul- und Unterrichtsentwicklung. Teil 1: Grundlagen und Modelle inklusiver Kooperation. *Vierteljahresschrift für Heilpädagogik und ihre Nachbargebiete, 83*, 112–123.

Maaz, K., Hausen, C., McElvany, N. & Baumert, J. (2006). Stichwort: Übergänge im Bildungssystem. *Zeitschrift für Erziehungswissenschaft, 9*(3), 299–327.

Mackowiak, K. (2011). Übergänge – Herausforderung oder Überforderung. In D. Kucharz, T. Irion & B. Reinhoffer (Hrsg.), *Grundlegende Bildung ohne Brüche* (S. 21–29). Wiesbaden: VS Verlag für Sozialwissenschaften.

Mader, J. (1989). *Schulkindergarten und Zurückstellung. Zur Bedeutung schulisch-ökologischer Bedingungen bei der Einschulung.* Münster: Waxmann.

Mangione, P. L. & Speth, T. (1998). The Transition to Elementary School: A Framework for Creating Early Childhood Continuity through Home, School, and Community Partnerships. *The Elementary School Journal, 98*(4), 381–397.

Mariano, M., Santos-Junior, A., Lima, J. L., Perisionotto, B., Surkan, P. J., Martins, S. S. et al. (2019). Ready for School? Systematic Review of School Readiness and Later Achievement. *Global Journal of Human-Social Science, 19*(10), 57–71.

Martarelli, C. S., Feurer, E., Dapp, L. C. & Roebers, C. M. (2018). Profiles of executive functions and social skills in the transition to school: A person-centred approach. *Infant and Child Development, 27*(6).

Martschinke, S., Kirschhock, E.-M., Frank, A. & Forster, M. (2017). *Leichter lesen und schreiben lernen mit der Hexe Susi* (11. Aufl.). Donauwörth: Auer.

Mayer, T. (2019). »Und dann geht natürlich nur der Weg zur Privatschule« – Individuelle Schulwahlprozesse und Einzelschulwahl an privaten Grundschulen. *Zeitschrift für Erziehungswissenschaft, 22*(2), 389–410.

McIntyre, L. L., Blacher, J. & Baker, B. L. (2006). The transition to school: adaptation in young children with and without intellectual disability. *Journal of Intellectual Disability Research, 50*(5), 349–361.

McIntyre, L. L., Eckert, T. L., Fiese, B. H., DiGennaro Reed, F. & Wildenger, L. K. (2010). Family Concerns Surrounding Kindergarten Transition: A Comparision of Students in Special and General Education. *Early Childhood Education Journal, 38*(4), 259–263.

Meyer-Siever, K. (2015). *Wunsch und Wirklichkeit: Kooperation aus der Perspektive von ErzieherInnen und GrundschullehrerInnen eingebettet in Arbeitsbedingungen ihres beruflichen Alltags. Eine repräsentative Untersuchung am Beispiel von zwei Bundesländern.* Dissertation. Universität Bremen, Bremen.

Miethe, I. & Dierckx, H. (2014). Was ist eine Bildungsentscheidung? Theoretische und empirische Betrachtungen aus einer biografischen Perspektive. In I. Miethe, J. Ecarius & A. Tervooren (Hrsg.), *Bildungsentscheidungen im Lebenslauf. Perspektiven qualitativer Forschung* (S. 19–37). Opladen: Budrich.

Mokrova, I. L., O'Brien, M., Calkins, S. D., Leerkes, E. M. & Marcovitch, S. (2013). The role of persistence at preschool age in academic skills at kindergarten. *European Journal of Psychology of Education, 28*(4), 1495–1503.

Müller, U. B. (2015). Gemeinsamer Schuleintritt und Übergangsbewältigung. *Diskurs Kindheits- und Jugendforschung, 10*(4), 431–443.

Neumann, P. (2019). *Kooperation selbst bestimmt? Interdisziplinäre Kooperation und Zielkonflikte in inklusiven Grundschulen und Förderschulen.* Münster: Waxmann.

Nickel, H. (1990). Das Problem der Einschulung aus ökologisch-systemischer Perspektive. *Psychologie in Erziehung und Unterricht, 37*(3), 217–227.

Niehues, W., Kisbu Sakarya, Y. & Selcuk, B. (2021). Family Cohesion Facilitates Learning-Related Behaviors and Math Competency at the Transition to Elementary School. *Early Education and Development, 32*(1), 134–147.

Niklas, F. (2011). *Vorläuferfertigkeiten im Vorschulalter zur Vorhersage der Schulfähigkeit, späterer Rechenschwäche und Lese- und Rechtschreibschwäche. Diagnose, Zusammenhänge und Entwicklung in Anbetracht der bevorstehenden Einschulung.* Hamburg: Verlag Dr. Kovac.

Niklas, F., Cohrssen, C., Vidmar, M., Segerer, R., Schmiedeler, S., Galpin, R. et al. (2018). Early childhood professionals' perceptions of children's school readiness characteristics in six countries. *International Journal of Educational Research, 90*, 144–159.

Noddings, N. (1991). Caring and Continuity in Education. *Scandinavian Journal of Educational Research, 35*(1), 3–12.

Pagani, L. S., Fitzpatrick, C., Archambault, I. & Janosz, M. (2010). School Readiness and Later Achievement: A French Canadian Replication and Extension. *Developmental Psychology, 46*(5), 984–994.

Parade, R. & Heinzel, F. (2020). Sozialräumliche Segregation und Bildungsungleichheiten in der Grundschule – eine Bestandsaufnahme. *Zeitschrift für Grundschulforschung, 13*(2), 193–207.

Paulus, W. & Blossfeld, H.-P. (2007). Schichtspezifische Präferenzen oder sozioökonomisches Entscheidungskalkül? *Zeitschrift für Pädagogik, 53*(4), 491–508.

Pentimonti, J. M., Murphy, K. A., Justice, L. M., Logan, J. A. R. & Kaderavek, J. N. (2016). School readiness of children with language impairments: predicting literacy skills from pre-literacy and social-behavioural dimensions. *International Journal of Language & Communication Disorders, 51*(2), 148–161.

Pfaff, A. (2016). *Der Übergang vom Elementar- zum Primarbereich in Deutschland aus der Perspektive von Eltern, die in Armut leben.* Hamburg: Verlag Dr. Kovac.

Pfost, M. (2015). Children's Phonological Awareness as a Predictor of Reading and Spelling. A Systematic Review of Longitudinal Research in German-Speaking Countries. *Zeitschrift für Entwicklungspsychologie und Pädagogische Psychologie, 47*(3), 123–138.

Pianta, R. C., Cox, M. J., Taylor, L. & Early, D. (1999). Kindergarten Teachers' Practices Related to the Transition to School: Results of a National Survey. *The Elementary School Journal, 100*(1), 71–86.

Plehn, M. (2012). *Einschulung und Schulfähigkeit. Die Einschulungsempfehlung von ErzieherInnen – Rekonstruktion subjektiver Theorien über Schulfähigkeit.* Bad Heilbrunn: Klinkhardt.

Plehn, M. (2018). Übergang vom Kindergarten in die Grundschule – Rechtliche Rahmenbedingungen und Gestaltungsräume in der Praxis. In U. Lohrentz (Hrsg.), *Das große Handbuch Recht in der Kita* (S. 733–759). Köln: Carl Link.

Pohlmann, S., Kluczniok, K. & Kratzmann, J. (2009). Zum Prozess der Entscheidungsfindung zwischen vorzeitiger und fristgerechter Einschulung. *Journal for Educational Research Online, 1*(1), 135–153.

Pohlmann-Rother, S. & Jung, J. (2019). Vom Kindergarten in die Grundschule. In B. Dühlmeier & U. Sandfuchs (Hrsg.), *100 Jahre Grundschule. Geschichte – aktuelle Entwicklungen – Perspektiven* (S. 76–90). Bad Heilbrunn: Klinkhardt.

Pohlmann-Rother, S., Kratzmann, J. & Faust, G. (2011). Schulfähigkeit in der Sicht von Eltern, Erzieher/innen und Lehrkräften. *Diskurs Kindheits- und Jugendforschung, 6*(1), 57–73.

Pohlmann-Rother, S., Wehner, F. & Kaiser-Kratzmann, J. (in press). Transitions to Primary School: School Entry Decisions, Parents' and Teachers' Ideas about School Readiness, and Cooperation between Preschools, Primary Schools, and

Parents. In S. Weinert, H.-G. Roßbach, J. von Maurice, H.-P. Blossfeld & C. Artelt (Hrsg.), *Educational processes, decisions, and the development of competencies from early preschool age to adolescence: Findings from the BiKS cohort panel studies*. Reihe »Edition ZfE«. Wiesbaden: Springer.

Prengel, A. (2013). *Inklusive Bildung in der Primarstufe. Eine wissenschaftliche Expertise des Grundschulverbandes*. Frankfurt a. M.: Grundschulverband e. V.

Puccioni, J., Baker, E. R. & Froiland, J. M. (2019). Academic socialization and the transition to kindergarten: Parental beliefs about school readiness and involvement. *Infant and Child Development, 28*(6), e2154.

Quaiser-Pohl, C. (2008). Förderung mathematischer Vorläuferfertigkeiten im Kindergarten mit dem Programm »Spielend Mathe«. In F. Hellmich & H. Köster (Hrsg.), *Vorschulische Bildungsprozesse in Mathematik und Naturwissenschaften* (S. 103–126). Bad Heilbrunn: Klinkhardt.

Rabenstein, K. & Gerlach, J. M. (2016). Sich entscheiden als praktisches Tun. Methodologische Überlegungen einer praxistheoretischen Erforschung der Elternwahl zur inklusiven Schule. *Zeitschrift für Qualitative Forschung, 17*(1-2), 205–219.

Rathmer, B., Hanke, P., Backhaus, J., Merkelbach, I. & Zensen, I. (2011). Formen und Klima der Kooperation zwischen Kindertageseinrichtung und Grundschule in der Übergangsphase von Elementar- zum Primarbereich – Ergebnisse aus dem Landesprojekt TransKiGs Nordrhein-Westfalen (Phase II). In D. Kucharz, T. Irion & B. Reinhoffer (Hrsg.), *Grundlegende Bildung ohne Brüche* (S. 111–114). Wiesbaden: VS Verlag für Sozialwissenschaften.

Reicher-Pirchegger, L. (2022). Jenseits der Schulreife? Die Idee der Schuleingangskonzeption vor dem Hintergrund epistemologischer Überzeugungen und pädagogischer Orientierungen. *Frühe Bildung, 11*(4), 161–167.

Reichmann, E. (2010). *Übergänge vom Kindergarten in die Grundschule unter Berücksichtigung kooperativer Lernformen*. Baltmannsweiler: Schneider-Verlag Hohengehren.

Rimm-Kaufman, S. E. & Pianta, R. C. (2000). An Ecological Perspective on the Transition to Kindergarten: A Theoretical Framework to Guide Empirical Research. *Journal of Applied Developmental Psychology, 21*(5), 491–511.

Ring, E., Mhic Mhathúna, M., Hayes, N., Stafford, P., Keegan, S., Kelleher, C. et al. (2017). *An Examination of Concepts of School Readiness Among Parents and Educators in Ireland*. Dublin: Department of Children and Youth Affairs. Verfügbar unter: https://arrow.tudublin.ie/cgi/viewcontent.cgi?article=1031&context=aaschsslrep

Rous, B., Myers, C. T. & Stricklin, S. B. (2007). Strategies for Supporting Transitions of Young Children with Special Needs and Their Families. *Journal of Early Intervention, 30*(1), 1–18.

Sameroff, A. (2010). A Unified Theory of Development: A Dialectic Integration of Nature and Nurture. *Child Development, 81*(1), 6–22.

Sands, M. M. & Meadan, H. (2022). A Successful Kindergarten Transition for Children with Disabilities: Collaboration Throughout the Process. *Early Childhood Education Journal, 50*(7), 1133–1141.

Schipper, I. & Pohlmann-Rother, S. (2013). Der Beitrag der Schulleitungen zur Einschulungsentscheidung. In G. Faust (Hrsg.), *Einschulung. Ergebnisse aus der Studie »Bildungsprozesse, Kompetenzentwicklung und Selektionsentscheidungen im Vorschul- und Schulalter (BiKS)«* (S. 237–249). Münster: Waxmann.

Seyda, S. (2009). Kindergartenbesuch und späterer Bildungserfolg. Eine bildungsökonomische Analyse anhand des Sozio-ökonomischen Panels. *Zeitschrift für Erziehungswissenschaft, 12*(2), 233–251.

Shaul, S. & Schwartz, M. (2014). The role of the executive functions in school readiness among preschool-age children. *Reading & Writing, 27*(4), 749–768.

Smith, M. L. & Shepard, L. A. (1988). Kindergarten Readiness and Retention: A Qualitative Study of Teachers' Beliefs and Practices. *American Educational Research Journal, 25*(3), 307–333.

Spieß, E. (2004). Kooperation und Konflikt. In H. Schuler (Hrsg.), *Organisationspsychologie – Gruppe und Organisation* (S. 193–247). Göttingen: Hogrefe.

Stirner, P., Hoffmann, L., Mayer, T. & Koinzer, T. (2019). Eine gemeinsame Grundschule für alle? Die Grundschule als Ort sozio-ökonomischer Ungleichheit und Segregation. *Zeitschrift für Grundschulforschung, 12*(2), 439–455.

Stoeck, J. (2020). Kinder an institutionellen Übergängen – immanente Bedeutung(en) von Peers und Familie. In M. Hermes & M. Lotze (Hrsg.), *Bildungsorientierungen. Theoretische Reflexionen und empirische Erkundungen* (S. 69–89). Wiesbaden: Springer VS.

Then, D. & Pohlmann-Rother, S. (2023a). Parent-Teacher Meetings in the Context of Inclusion: Preschool Teachers and Parents of Children with Disabilities in Counseling Situations. *Early Childhood Education Journal.* Advance Online Publication.

Then, D. & Pohlmann-Rother, S. (2023b). Transition to formal schooling of children with disabilities: A systematic review. *Educational Research Review, 38,* 100492.

Timmermann, D. & Weiß, M. (2015). Bildungsökonomie. In H. Reinders, H. Ditton, C. Gräsel & B. Gniewosz (Hrsg.), *Empirische Bildungsforschung. Strukturen und Methoden* (2., überarb. Aufl., S. 181–195). Wiesbaden: Springer VS.

Tippelt, R. (2004). Geleitwort. In E. Schumacher (Hrsg.), *Übergänge in Bildung und Ausbildung. Gesellschaftliche, subjektive und pädagogische Relevanzen* (S. 7–18). Bad Heilbrunn: Klinkhardt.

Tippelt, R. (2007). Übergänge im Bildungssystem. Fragen zum Übergangsmanagement in regionalen Kontexten. In T. Eckert (Hrsg.), *Übergänge im Bildungswesen* (S. 11–22). Münster: Waxmann.

Truschkat, I. (2013). Biografie und Übergang. In W. Schröer, B. Stauber, A. Walther, L. Böhnisch & K. Lenz (Hrsg.), *Handbuch Übergänge* (S. 44–63). Weinheim: Beltz Juventa.

Wehner, F. (2015). *Zwischen fristgerechter und verspäteter Einschulung. Die Einschulungsentscheidung und ihre Bewährung aus Elternsicht.* Münster: Waxmann.

Wehner, F. & Kratzmann, J. (2020). Einschulungsentscheidungen und der Verlauf nicht fristgerechter Einschulungen. In S. Pohlmann-Rother, U. Franz & S. D. Lange (Hrsg.), *Kooperation von Kita und Grundschule. Band 1: Einblicke in die Forschung – Perspektiven für die Praxis* (2., überarb. und erweiterte Aufl., S. 52–72). Köln: Carl Link.

Wehner, F. & Pohlmann-Rother, S. (2020). Zur Verbreitung von Kooperationsaktivitäten und Förderprogrammen beim Übergang in die Grundschule. In S. Pohlmann-Rother, U. Franz & S. D. Lange (Hrsg.), *Kooperation von Kita und Grundschule. Band 1: Einblicke in die Forschung – Perspektiven für die Praxis* (2., überarb. und erweiterte Aufl., S. 93–113). Köln: Carl Link.

Weiß, M. (2012). Bildungsökonomie. *DDS – Die Deutsche Schule, 104*(3), 303–319.

Weißenfels, I. & Brade, J. (2019). Entwicklungslinien der Einschulung und pädagogischen Gestaltung des Schulanfangs. In B. Dühlmeier & U. Sandfuchs (Hrsg.), *100 Jahre Grundschule. Geschichte – aktuelle Entwicklungen – Perspektiven* (S. 91–105). Bad Heilbrunn: Klinkhardt.

Weltgesundheitsorganisation (2001). *ICF: International Classification of Functioning, Disability and Health.* Genf: WHO.

Welzer, H. (1993). *Transitionen. Zur Sozialpsychologie biographischer Wandlungsprozesse.* Tübingen: Edition diskord.

Werning, R. (2014). Stichwort: Schulische Inklusion. *Zeitschrift für Erziehungswissenschaft, 17*(4), 601–623.

Wesley, P. W. & Buysse, V. (2003). Making meaning of school readiness in schools and communities. *Early Childhood Research Quarterly, 18*(3), 351–375.

Wildenger, L. K. & McIntyre, L. L. (2011). Family Concerns and Involvement During Kindergarten Transition. *Journal of Child and Family Studies, 20*(4), 387–396.

Wildenger Welchons, L. & McIntyre, L. L. (2015). The Transition to Kindergarten for Children With and Without Disabilities: An Investigation of Parent and

Teacher Concerns and Involvement. *Topics in Early Childhood Special Education, 35*(1), 52–62.

Wilder, J. & Lillvist, A. (2017). Hope, Despair and Everything in Between – Parental Expectations of Educational Transition for Young Children with Intellectual Disability. In S. Dockett, W. Griebel & B. Perry (Hrsg.), *Families and Transition to School* (S. 51–66). Cham: Springer.

Wilder, J. & Lillvist, A. (2018). Learning journey: a conceptual framework for analyzing children's learning in educational transitions. *European Early Childhood Education Research Journal, 26*(5), 688–700.

Wildgruber, A., Griebel, W., Radan, J. & Schuster, A. (2017). Übergang zu Eltern von Schulkindern. Unterschiedliche Bewältigung neun Monate nach Schulstart. *Frühe Bildung, 6*(1), 16–24.

Willoughby, M. T., Magnus, B., Vernon-Feagans, L., Blair, C. B. & Family Life Project Investigators (2017). Developmental Delays in Executive Function from 3 to 5 Years of Age Predict Kindergarten Academic Readiness. *Journal of Learning Disabilities, 50*(4), 359–372.

Wong, M. (2015). Voices of children, parents and teachers: how children cope with stress during school transition. *Early Child Development and Care, 185*(4), 658–678.

Wustmann Seiler, C. (2021). *Resilienz. Widerstandsfähigkeit von Kindern in Tageseinrichtungen fördern. Beiträge zur Bildungsqualität* (8. Aufl.). Berlin: Cornelsen.

Wygotski, L. (1987). *Ausgewählte Schriften. Band 2: Arbeiten zur psychischen Entwicklung der Persönlichkeit.* Köln: Pahl-Rugenstein.

Ziv, Y. (2013). Social information processing patterns, social skills, and school readiness in preschool children. *Journal of Experimental Child Psychology, 114*(2), 306–320.